# 原発に抗う

『プロメテウスの罠』で問うたこと

本田雅和

緑風出版

故・高木仁三郎氏に捧ぐ

# プロローグ

## フクシマで暮らす私から 3・11後を生きるあなたへ

「今年も柿がいっぱい実ったけど、放射能で収穫できずに全部サルが食った。柿の木は早々と素っ裸さ」

東京電力福島第一原発事故から四年半を経た二〇一五年秋、朝日新聞記者として南相馬で暮らす私は、そんな訴えを地元紙の福島民報に投書した但野ヨオ子さん（八十三歳）を、市の西郊の山村に訪ねた。

静かな秋の午後、彼女の少女時代の柿の思い出話に、時を忘れた。

家族全員で夜なべし、かじかむ手で皮をむき、軒下につるして干し柿にした。天ぷらにしたり、「柿のり」というおやつを作ったりした。母親がそれを売り歩き、ヨオ子さんの学費に充ててくれたそうだ。

裕福な家ではなかったが、祖父母と両親から「いっぱい愛されて育った」という。浜通りにある幾千、幾万の「ふつうの農家」の光景だ。

そんなふつうの家庭で育つ少女にとって、「原発」が来たら高給の働き口もできるし、出稼ぎもなくなるし、母も柿のりを売りに歩かなくていい――。そう考えるのは自然だった。だから誘致に走った人たちの思いも痛いほどわかる。そう語るころ、阿武隈山系の山際はとっぷりと暮れなずみ、濃紺が漆黒に呑まれる時刻になっていた。

柿をむき、干し柿を作る……

今回の原発事故で根こそぎ奪われてしまった、そんなささやかな暮らしの中の幸せもまた、幾千、幾万の人の数だけあるだろう。多くは「原発事故の賠償」の対象にすら、ならないままに……。

アフガニスタン、イラク、パレスチナ、ルーマニア、フィリピン・ミンダナオ、スリランカの少数民族地域、インドネシア・アチェ、グアテマラ、……私はかつて、東京社会部の記者でありながら、機会を狙っては海外の戦争や紛争の現場取材に手を上げ、積極的に戦地や辺境に赴いてきた。そこに人間社会の矛盾や人権侵害が集約され、もっとも先鋭に現れていると信じたからだ。そして、それを伝え、告発することこそがジャーナリズムの使命だと考えてきたからだ。

しかし、3・11によって、私は、私の中の何かが、音を立てて崩れていくのを感じた。社会部記者時代から、「原発」については廃棄物問題から批判し、巨大なカネの力で人間性を麻痺させていく「原発的なるもの」を、社会・経済構造の矛盾そのものと見る記事や論文を書き続け、原発を擁護・推進する記事を書いていた先輩や同僚記者を批判してきた。

しかし、そんな私の所業は、いったい何だったのか。「私は原発を批判し、反対してきた」という自己満足にすぎなかったのではないか。私の言論は、「原発的なるもの」の何ものをも止められなかったのだから。

3・11にいたるまでの約四年間は、全国で唯一、財政破綻した自治体である北海道・夕張市の駐在記者として、「石炭から石油へ」の国のエネルギー政策の転換、地方切り捨ての国策を批判してきた。決して首長や市幹部による自治体財政の「粉飾決算」だけに、その責任を帰することはできない――と訴え続けてきた。ましてや、市の財政破綻で福祉・教育を削減される夕張の市民や子どもたち、大多数の市職員には何の責任もないことだと……。しかし、国や経済界による「夕張＝自己責任論」は辺境の民を容赦なく切り捨てる、棄民策そのものだった。

私はそんな、人口激減の旧炭鉱街の人々と、生活をともにしながら、密かに渡航資金を貯めながら、念願だった長期のパレスチナ取材を計画し、フリーランス・ジャーナリストになる機会を待っていた。

3・11は、そんな浅はかな私の計画を吹き飛ばした。いまは国外に出ているときではない。この目でユウバリで見てきたこと、体験してきたことと同じことが、フクシマで起きるような予感と危惧に襲われたのだ。

原発事故直後から、北海道にも、フクシマからの避難者や移住者が続々と来るようになっていた。そんな彼ら彼女らと親しくなり、話を聞くにつれ、フクシマに残してきた高齢者の家族や、フクシマに残らざるを得なかった人々に対する彼らの「罪の意識」にふれ、なぜ避難者であり、被害者である彼らが、さらに苦しまねばならないのか、と憤りを感じた。

そして、私自身が一日も早くフクシマにおもむき、フクシマに残る選択をした人たちと生活や思いを共有したい、と考えるようになった。

3・11から一年後、福島市に赴任し、二年後の秋に原発の北二五キロの南相馬支局長になった。四年目に入って小児甲状腺がんの症例が相次いで報告されるようになり、五年目には「放射線の影響とは考えにくい」と言い続ける医師や学者でさえ、「がんの罹患統計から推定される有病数に比べて数十倍のオーダーで多い甲状腺がんが発見されている」（福島県県民健康調査検討委員会の「中間取りまとめ」二〇一六年三月）と認めるようになった。

「専門家」を自称する医者や学者が、甲状腺がん多発と放射線との因果関係を認めるか否かについて、私はさほど重要視していない。彼らをあまり信用していないということもあるが、そんな論争の間にも、「多発」しているがん患者や非がん性疾患患者へのケアなどの対策こそが最優先されるべきだと考えている。歴史上、因果論争でストップして被害が広がってしまった例が目立つからだ。

実際、この「数十倍のオーダーでの『発見』」については、「感度のいい超音波機械で一斉検診したために自覚症状のないがんを何年も前倒しで発見してしまっている」というスクリーニング効果論や、「生涯生活に影響を与えないような予後のいいがんを見つけている」とする過剰診断説など、次々と現れる多発否定論者の「後付け」理論を用いてチェルノブイリ後と全く同じ議論が繰り返されているが、そのいずれもが「数十倍のオーダー」を説明しきれず、甲状腺外浸潤・転移・再発など、フクシマでの多数の重症例（もしくは「予想外のがんの進行例」）の「発見」で論理破綻してしまっている。

いったい私たちは、過去から学んでいるのだろうか。

「チェルノブイリ事故後四〜五年経って小児甲状腺がんが増えていると現地の医師が訴えていた時、日本や西側の『専門家』たちは、広島・長崎ではがんが出てきたのは十年後だなど否定した。そして十年以上経って誰の目にも明らかになり、やっと多発を認めたのだ」

「福島では、事故から一年後に小児甲状腺がんが認められた時、県民健康調査の『専門家』が、チェルノブイリでは四年経ってからがんが増えたのだから早すぎる、原発事故の影響とは考えにくい、と言ったと聞いて、思わずふき出してしまった」

二〇一六年三月、京大原子炉実験所を定年退職した今中哲二助教（六十五歳）が私に語った言葉だ。

言いたいのは、原発事故に対する「専門家」の反応の酷似についてだ。医師の中にも「糖尿病などが増えているのは放射線より避難生活によるリスクが大きいからだ」と言う人がいる。が、多様な非がん性疾患の多発についても、長期低線量被曝《ひばく》地帯からの数多くの研究報告がある。特定原因についてだけ「考えにくい」とするのはなぜなのか。

チェルノブイリよりは、放出された放射性物質の量が少ないから？

そうかもしれない。今なお放出しつづける福島第一原発からの放出累積総量は分からないから、そして人口密度も違うから、集団被曝線量（人×シーベルト）で比較すれば、そうではないかもしれない。

しかし、たとえ、チェルノブイリと数十倍の汚染総量の差があったとしても、科学的な因果関係の議論は、確率を用いて論じられる。従って、「断定できない」などと言ったところで因果関係を論じていることにはならない。しかも、国際機関が合意している低線量被曝の「閾値《しきいち》なし」モデルを認めるのなら、放射線の影響を推認するのは、専門的知見の存否ではなく、論理的思考ができるかどうかのレベルの問題だ。学者も、ジャーナリストも、目の前の事実に誠実であることが最低限の職業倫理ならば、自らの仮説や自ら信じる学説からは「あり得ない」からと、目の前の「多発」の現実を「これは多発ではないのだ」と否定することは、それこそ「あり得ない」のではなかろうか。

「甲状腺検査をすれば、がんがたくさん見つかって県民が不安になるから、検査を縮小しよう」と、一部の小児科医らが、まじめに議論していることには、正直驚愕する。「こわい数字は見ないことにしよう」ということか。その背景に、医学界というところには、「民衆に不安と混乱を与える情報は隠しておこう」とするパターナリズムが、まだまだ跋扈《ばっこ》しているという事実があるのではないか。

原発と原発事故におけるウソとプロパガンダは、何十年も前から茶飯事だった。そして辺境で質素に、誠実に暮らす人々こそが、その主たる被害を受けてきたのだ。

ここに収められた第一章「希望の牧場」、第二章「原発スローガン『明るい未来』」、第三章「妻よ」は、私が原発事故の被災地で暮らしながら出会ってきた、そんな被害者の物語であり、国策に切り捨てられようとしている人たちの訴えだ。朝日新聞に長期連載された「プロメテウスの罠」シリーズの中で、私が提案し、採用された企画であり、その連載記事を基に加筆・修正し、再構成したものだ。年齢などは取材当時のままにしている。

被害者・被災者の物語ではあるが、彼ら彼女らが、決してやられっぱなしになる話ではない。みな生身の「人間」として、「原発的なるもの」に抗おうと、立ち上がった人たちでもある。その抵抗と闘いの記録を、その前後に私が執筆した関連記事やレポートもともに、収録した。

すべて、フクシマとの関係性の中で苦しみ、もがき、悩みながら生き続ける人々の話だ。原発事故から六年目のいま一度手に取り、改めてお読みいただければ、筆者としてはこのうえない幸甚であるし、ジャーナリストとしての私の視点については、ご批判を請うばかりである。

本田雅和

原発事故から五年半を経た秋、
南相馬市内の「仮設」住宅にて

＊注　登場人物は敬称略。年齢や住所は取材当時（二〇〇五年〜二〇〇六年現在）

# 目　次　原発に抗う

『プロメテウスの罠』で問うたこと

## 第3章　妻よ……

## 第4章　抗いの声

# 第１章　希望の牧場

「希望の牧場」入口の立て看板と吉沢正巳代表。死んだ牛の頭蓋骨も横に並べた。
＝木野村匡謙氏撮影。

## 国が殺せと言っている牛

初夏を思わせる日差しの中、放し飼いにされた約三三〇頭の肉牛たちが、ゆっくりと草を食んでいる。福島県の阿武隈山系の山あいにある三二ヘクタールの広大な牧場――浪江町と南相馬市にまたがる「希望の牧場」だ。

しかし、「希望」という名を掲げたこの牧場にたどり着くためには、東京電力福島第一原発事故で、全町避難が続く浪江町側からは入れなかった。二〇一五年春当時でも、昼間だけようやく通れるようになった避難指示解除準備区域の南相馬市小高区側の無人地帯から近づくしかなかった。

「俺たち畜産農家が、経済的価値のない売れない牛を、飼い続けるというのはバカげた話。意味がないかもしれない。意味がないことの意味を考えながら、続けることの意味がわかるかっ」

二〇一五年三月中旬、牧場を訪ねて来た専修大学（東京）の藤森研教授のゼミ生ら一六人を相手に、牧場主の吉沢正巳（六十歳）が挑発するように、長い演説を続けていた。

東京電力福島第一原発から北西一四キロメートルにある牧場は、二〇一一年三月の爆発事故で立ち入り禁止の警戒区域（原発から二〇キロメートル圏内）となり、その後も敷地の大部

300頭を超える牛たちが放牧されている「希望の牧場」＝福島県浪江町。

分は、年間積算放射線量が二〇ミリシーベルトを超えるおそれのある居住制限区域になっていた。

事故から一カ月後、国は「警戒区域内の家畜は殺処分にすべし」との指示を出した。肉牛も乳牛も豚も、放射能に汚染されて移動もできず、市場価値もなくなり、飼育のために人も立ち入ることができなくなった以上、安楽死させるしかない——というのが国の論理だ。

だが、吉沢はそれに逆らい、ボランティアの支援者らと、三〇〇頭近い牛にエサを運び続けてきたのだ。

「国が住んではいけないという町に俺たちは住み、国が殺せと言っている牛にエサをやっている。なぜだか分かるか」

自問自答するような吉沢の演説は一時間

経っても終わらない。しかし、学生たちは起立したまま聴き入り、吉沢の怒りに圧倒されていた。

「べこ屋」（と吉沢は自称する）が家族同然にしている牛を、「利用価値がなくなったから」と、東電とともに原発を推進してきた加害者の国に言われて「はい、そうですか」と殺せるものではない――。吉沢同様、多くの畜産農家がそう考えた。

しかし、吉沢以外の多くの農家は国の説得に応じ、泣く泣く牛を手放して避難していった。五年以上も続く、吉沢の国への抵抗の理由は何なのか。

## 被曝した牛とともに

「俺はここで被曝した牛とともに生きていく。それが国と東京電力に対する猛烈な抗議なんだ。俺自身が被曝しながらエサやってね。こいつらはね、原発被害の生き証人なんだから」

そんな吉沢の主張に対し、牧場見学に来た専修大の学生の一人がおもむろに手を上げ、質問した。

「家族同然に育ててきた牛を簡単に殺せないということも、原発事故の責任を問うために国に抵抗するという動機も分かります。でも、しんどいな、やめたいな、と思ったことはありませんか？　この闘いにゴールはあるんですか？」

見学者らに原発事故後の放射能の拡散状況を地図で示す吉沢場長。

真剣に話を聞いていたゼミ生の一人の、遠慮がちな質問だった。が、吉沢にとっては、見学者からのよくある質問だ。

「やめたいなと思ったことなんて、そりゃあ何度もあるさ。何のために、何でこんなことやってんだって。でもやめられないだろ。生きている牛を見捨てるようなことはしないって俺は宣言したんだ」

「言葉って重いんだ。（警戒区域内の）ほかの農家から泣く泣く頼まれた牛も、もう百頭ぐらい受け入れているしな。希望の牧場って、かっこいい旗立ててるけど、俺たちの希望は普通の希望じゃないんだ。人も住めない、農作物もできねえ、この町の絶望的状況の中で、絶望ではなく希望に向かって生きているんだ」

「闘いのゴール」については、吉沢自身、

今も自問している。原発事故から三年目ぐらいまでは岩手大、東北大、北里大などの獣医学部や農学部の研究者たちが、被曝牛を研究対象にしたいと多くのプロジェクトを提案してきたし、吉沢たちも「国に用済みとされた牛たちが役に立てる」と、喜んで協力してきた。しかし、五年目に入ってなお、牧場に来てくれたのは東北大の研究チームぐらいだ。

「もともと、ここの牛は肉牛で殺される運命にあったのですよね？　矛盾を感じませんか？」

別の学生が問う。これもよくある質問だ。吉沢が答える。

「矛盾そのものさ」

もともと肉牛飼育牧場だった「吉沢牧場」では、所有者から牛を預かり、生後三十カ月になると雄牛は牛肉になるために出荷されてきた。「Aの5」という最高ランクの霜降りをめざして。

それが今や、原発事故が起きたことで、ここで生かされて、初めて天寿を全うする牛も出てくるのだ。

## 3・11

「ここの牛たちはね、命について俺たちに問題提起してくれてんだ」

提供を受けた牧草ロールを保管場所に積み上げる吉沢正巳代表＝「希望の牧場」提供。

「希望の牧場」代表の吉沢正巳は見学者に、よくそういう説明をする。

肉牛は人間のために殺されて、肉となって利益を生むための経済畜産動物だ。

「しかしね、牛は人間に対して決して暴力をふるわないんだ」

と吉沢は強調する。

原発事故が起きて「経済的価値」がなくってから、吉沢は「この命をどうしたらいいか、ずっと考えてきた」という。

命を全うするという意味では、ここの牛は通常の肉牛の何倍もの寿命を生きられる幸せ者かもしれないと……。草食ってひなたぼっこをして……。原発事故で多くの福島県民が故郷を奪われ、「わずかな賠償金で、国と東京電力から棄民にされた」と吉沢は考えている。牧場の牛たちも、「棄畜と同じだ」と……。

「経済的価値がないからって、棄てたり殺したりしていいのか？　経済的価値をすべてに優先する考えこそが原発を推進し、今の俺たちの絶望を生み出した元凶ではないのか。それは障害者を差別する優生思想にもつながる」

そんな考えが、のちに交通事故で障害を負った子牛へのレスキュー活動にも、吉沢たちを駆り立てていくことになる。

生かされる牛たちを日々見ながら、いつも吉沢の脳裏に回帰してくるのは、あの３・11直後のことだ。

二〇一一年三月十一日午後二時四十六分、東日本大震災の大きな揺れが襲ったとき、吉沢は南相馬市内のホームセンターで買い物をしていた。

尋常でない揺れが落ち着くや、牧場の牛のことが心配になった吉沢は、すぐに乗ってきたトラックで引き返そうとした。

牧場までは一五キロメートルほど。ふだんなら二十分程度で帰れるのだが、道路の寸断と避難車両の渋滞で一時間近くかかった。停電だったため、ディーゼル発電で牛舎の牛たちに給水した直後、カーナビのテレビで沿岸部を襲った津波を知った。

しかし、より恐ろしい原発の危機が、吉沢たちが全くあずかり知らぬところで進行していた。

その夜、一〇キロメートル圏内に屋内退避が出たことも、翌十二日午後三時三十六分に一

低レベル汚染のまま積み上げられ、放置された牧草ロール。向こうは栗駒山＝宮城県栗原市。

号機原子炉建屋が爆発し、夕方には避難指示が牧場を含む二〇キロメートル圏内に拡大されたことも、吉沢は報道で知るしかなかった。

## 汚染された牧草ロール

「福島県浪江町から来ました。『希望の牧場』と言います。原発から一四キロメートルの所で三〇〇頭の被曝した牛を飼っているのですが、エサが足りません。積み上げてある牧草ロール、譲っていただけないでしょうか？」

二〇一五年四月初旬、宮城県栗原市の栗駒山のふもとに広がる農村地帯。

「希望の牧場」のボランティアスタッフ針谷勉（四十歳）は、畜産農家や酪農家を一軒一軒、車でまわりながら頭を下げ、お願いを続けていた。

東京電力福島第一原発事故から四年余。針谷らが、エサ集めの行脚を始めて三年目になる。栗原市は第一原発から一五〇キロメートル近く離れている。原発事故直後に汚染された牧草はロールにされたまま、休耕田などに山積みに放置されていることが多い。

こうした汚染牧草ロールは、農地を除染して牧畜を再開しつつある農家にとって、じゃまもの以外の何物でもない。宮城県や栗原市には焼却処分する計画もあるが、放射性物質が含まれるだけに焼却に反対する声も根強く、計画は進まない。

そんな汚染牧草でも、「希望の牧場」の被曝牛たちは、喜んで食べてくれるのだ。

「ちょうどよかった。一五〇玉ほどあるよ。早く持っていってくれ」

そう言ってもらえればありがたいが、うさん臭そうに「代表は何という人?」「汚染ロールだよ。あとで返しに来ない?」など、根掘り葉掘り聞かれることも多い。

牧場主の吉沢正巳の名前を伝え、牛飼いとして殺せずに飼い続けていることを説明し、説得する。

三人に一人ぐらいは理解し、協力してくれる。

そんな交渉が成立すると、同じくボランティアスタッフの木野村匡謙《まさかね》（四十三歳）に携帯電話で連絡。数日後には木野村が、一四トンの大型トラックのハンドルを握り、常磐自動車道や東北自動車道をひたすら北上、三時間かけて引き取りに行くのだ。

農家から提供を受けた汚染牧草ロールを大型トラックで運ぶ木野村氏（運転席）と農家との交渉役の針谷氏（左）。

「福島県内から始めて、もらえるところがなくなると栃木、宮城と足をのばしてきました」

助手席に同乗した私に、運転席の木野村が説明してくれた。

最初は運送会社に頼んでいたが、運賃が高くつく。二〇一四年夏、牧場は福島県富岡町の建設業者から中古トラックを借り受けた。しかし、運転できる人がいないとなると、木野村自身が大型免許を取得した。

## 国は俺たちを棄民にしたんだ

東京電力福島第一原発の原子炉建屋の爆発が始まった二〇一一年三月十二日。午後六時二十五分には、浪江町の北西部・津島地区を除く二〇キロメートル圏内に避難指示が出た。

と言っても「町には国からも県からも東電からも、一切何の連絡もなく、すべては報道から知った」と、馬場有《たもつ》町長（六十六歳）は当時をふり返り、怒りの証言をする。牧場主の吉沢正巳もまた、多くの住民同様、テレビの報道で初めて避難指示を知った。

吉沢の運営する牧場では吉沢と共同経営者の姉の小峰静江（六十三歳）、静江の長男である吉沢の甥（三十六歳）が、敷地内の住居で暮らしていた。

吉沢牧場は、正式には農業生産法人・有限会社エム牧場（本社・福島県二本松市）の浪江牧場として、場長の吉沢が運営にあたっていた。エム牧場所有の約三三〇頭の肉牛を吉沢が預

牛の所有者だったエム牧場の村田淳会長＝福島県二本松市。

かり、肥育・繁殖にあたる形だ。

避難指示が出ても、吉沢は牛の世話のために牧場に残るしかなく、静江と甥は十五日に、二本松市のエム牧場の村田淳《じゅん》社長（六十歳）宅に避難させてもらった。

浪江町では十二日早朝から、牧場の南側を東西に走る国道一一四号で、内陸部の津島方面に逃げていく避難民の車の混雑が始まっていた。

吉沢は同日朝、避難民の行列とは反対方向に車を走らせ、海岸部の請戸《うけど》地区の様子を見に行った。津波で一八二人が犠牲になった同町でも、最も多くの犠牲者を出した海岸だ。

津波に引きずりまわされ、傷ついた遺体もあった。そして西へ、西へと急ぐ人々の群れ……。

「まるで戦場のようだった」と吉沢はふりかえる。

旧ソ連軍に追撃され、中国東北部（旧満州）の荒野を逃げ回ったという父・正三の姿が、吉沢の胸に去来した。

「国は俺たちを棄民にしたんだ」

「希望の牧場」で被曝牛を飼い続ける吉沢正巳がそういうとき、吉沢の頭にはいつも、一九八〇年五月に六十六歳で亡くなった父・正三の人生が浮かぶのだ。

正巳は千葉県四街道市で生まれた。

亡父・正三は戦後、この地で牛一頭から酪農で再起を果たし、家族を養い、子どもを育て上げた。

戦前、出身の新潟県小千谷地方から「満蒙開拓団」の一員として旧満州に入植した。

敗戦直前、守ってくれるはずの関東軍はソ連の参戦を察知するや、入植者らを見捨ていち早く撤退。追撃を恐れた一部将校らは大河を渡ったあと、橋梁を爆破したりして逃げた。退路を断たれ、取り残された開拓民のうち、親と生き別れたり、死別したりした多くの子どもたちが、中国人に育てられ、のちに中国残留孤児と呼ばれることになるのは知られた史実だ。

正三自身は一九四五年八月、ソ連軍の捕虜となり、三年間のシベリア抑留・強制労働を経て、心身ともにボロボロになって帰国した。

多くの津波被災者を出した浪江町請戸地区は原発事故の避難指示区域となり、放置された乗用車の上に打ち上げられた漁船は、何年間も放置されていた。

「俺たちは再び棄民にされた」。戦後生まれの吉沢に、正三が乗り移ったかのように、吉沢は繰り返す。

「国は行け行けドンドンとあおり立て、足手まといになったら棄《す》ててきた。黙っていたら俺たちも、ここの牛たち同様に棄てられるんだ。棄民は日本の国策なんだから」

原発の事故も、政府による家畜の殺処分指示も、吉沢の国への不信感を決定的にするのに十分すぎた。

「満州棄民に、シベリア抑留者に、戦後の日本政府はいったい何をしてくれたというのか」

吉沢は父の思いを代弁するが、正三自身は当時の苦労について、子どもたちには多くを語らなかった。生前、残留孤児のニュースが流れると妙に無口になるばかりだった。

正三は旧満州での逃避行で、動けなくなった実母と娘二人、つまり吉沢の祖母と二人の姉を自ら手にかけていた――父の死後初めて、吉沢は母から聞き、衝撃を受けた。

姉の小峰静江（六十三歳）は、母から手渡された手記「黒台開拓民の記録集」で当時のことを確認した。「荒野の自決」という章に、「棄民の真相」が実名で書かれていた。

浪江町の牧場の土地三二ヘクタールは四十五年前、乳牛五〇頭を飼うまでになった正三が「もっと広い土地で酪農を」と、四街道市の土地を売って家族で移住した「希望の地」だったのだ。

東京農大に進んだ後、吉沢は学生運動にも明け暮れたが、父を手伝おうと浪江町に戻る。不慮の事故で父が亡くなると、牧場運営はやがて吉沢の双肩にかかった。

「だから、この土地は絶対に手放すわけにはいかないんだ」

## 東電本社へ直接抗議へ行く

二〇一一年三月十二日朝、吉沢が請戸海岸から牧場に戻ると、福島県警の通信部隊の一〇人ほどの警察官がワゴン車三台でやってきて、牧場の一角を「ヘリからの原発サイトの映像を受信して、本部に中継する通信基地として使わせてほしい」と要請してきた。

乳牛で畑を耕す、ありし日の父・正三さん＝1950年代、千葉県四街道市の農場で（家族提供）。

快く受け入れた吉沢だが、警察官らは夕方には高いアンテナなどを片付け始め、引き揚げていった。

「撤収命令が出たので引き揚げます。あなたたちもここにはいない方がいい。政府は情報を出していない」

と言い残して。同日午後三時三十六分には一号機の原子炉建屋が水素爆発を起こしていた。

三月十四日午前十一時ごろ、牧場にいた吉沢正巳は、大きな花火のような爆発音が二度連続したのを聞いた。不安は感じたが、何の情報もなく、そのまま牛の給餌を続けるしかなかった。

それが三号機の原子炉建屋の爆発だったことは、二本松市内の自宅でニュースを見ていた、提携先のエム牧場社長、村田淳からの電話で知った。

十五日朝、四号機建屋も爆発。

村田に勧められるまま、牧場内の住居から姉や甥とともに、西へ三五キロの二本松市にある村田宅へ一時避難した。だが、牛にエサをやるため、一六日にはひとり牧場に戻った。

十七日朝、自衛隊ヘリが三号機めがけて袋詰めの海水を投下した。

自宅二階から吉沢は、双眼鏡で観察していた。排気筒の高さを超えるほどの白い噴煙があがった。

自衛隊員の命が危険にさらされている。国や官僚は何ということをしやがる——言いようのない怒りがわいた。

牛の出荷についても「取引先から断られた」と、村田からすでに電話が入っている。

俺たちや自衛隊員がなぜ、こんな無策の原発を進めてきたやつらの犠牲にならなきゃいかんのだ。

納得できなくなった。

浪江町役場の災害対策本部は、十二日に津島地区に移転。そこが高線量だったことが分かり、十五日にはさらに内陸・中通りの二本松市へ移転した。

二万人余の町民の多くが同じ経路で避難したが、これがまさに南東の風に乗って放射性雲

吉沢正巳代表が東電本社に抗議に向かう前、牧場の牛のし尿タンクに「決死救命　団結！」とスプレーで書き残した。自分と牛たちの命を守る決意の表明だった。

（プルーム）が流れた経路と重なり、多くの町民が、さらに過剰に被曝させられることになった。馬場有町長らは、結果的に国や県が風向きも含めた避難情報を明らかにしなかったことを、今も憤る。一時は国と東京電力を刑事告訴することさえ考えたほどだった。

テレビのニュースでは東電が第一原発からの所員引き揚げを検討していることが伝えられていた。

震災前から筋金入りの原発反対派で、東北電力が地元に計画していた浪江・小高原発建設にも、村八分に遭いながら反対してきた吉沢は、国と東電への怒りが抑えられなくなってきた。

「東電本店に直接抗議に行く」

吉沢が村田に電話してそう伝えると、村田は「牛の世話は俺がすっから。損害賠償請求を必ずするからと言ってくれ」とすぐに賛成してくれた。

牧場のトラックや作業車にわずかに残ったガソリンをかき集め、拡声機を付けた軽ワゴン車に給油。十七日夜、東京に向けて出発した。

## 東電本店で

翌十八日午前八時、東京・内幸町の東電本店。

単身で入り口に現れた吉沢は厳戒警備中の警察官らに止められた。

「福島県浪江町のベコ屋だ。放射能で俺は戻れなくなったし、牛は水もエサもなくて死んじまう」

泣きながらの説明に、ついには私服警官が立ち会うことで応接室に通された。

応対した東電社員に、吉沢が訴えたのは二つのことだった。

「牛はたぶん全滅する。必ず全て弁償しろ」

「逃げるなよ。自衛隊が決死の思いで闘ってる。お前たちが自分でつくった原発を自分で制御できなくてどうする、ふざけるな。俺だったら原子炉に水をかけに、命をかけてホース持って飛び込んでいく」

吉沢が泣きながらまくし立てると、応対の社員も目を赤くした。

その後も車で寝泊まりしながら一週間ほど都内をまわり、街頭演説や官公庁への抗議を続けた。

浪江町の牧場に帰ると、留守を預かる村田は牛舎から牛たちを解き放ち、自由にさせていた。

「一部の牛は牧場外に逃げたかもしれないし、近所迷惑かもしれない。でも、牛舎内で餓死させるより、はるかにましだ」。それが村田の考えだった。

実際、浪江町や南相馬市の牧場、畜産農家ではその後、多くの家畜が餓死していった。空腹で牛舎の柱にかじりついたまま目をむいた牛、骨と皮だけになった馬などの死骸を吉沢も嫌というほど見た。

## 牧場通い

二〇一一年三月下旬。

東京電力本店への抗議から福島県に戻った吉沢正巳は、二本松市にある提携牧場の社長・村田淳の家に再び身を寄せた。

三日に一度、三五キロ先の自分の牧場まで通い、牛にエサをやり続けた。牧草のほかに廃棄されるモヤシかすや野菜くず……。今はそれらを相馬市内の食品工場から直接もらい受けてくるが、当時は提携牧場から運び込み、冬場の牧草不足を補った。

牧場は福島第一原発から北西一四キロ。被曝《ひばく》は覚悟の上だった。

原発事故の発生から一カ月余りになる四月二十二日、国は原発二〇キロ圏内を立ち入り禁止の警戒区域とし、バリケードや検問所を設けた。

区域内に入ったり寝泊まりしたりする場合、たとえ自分の家でも国や市町村長の許可が必要になった。

許可証は簡単には出ない。それでも、吉沢は牧場通いをやめるわけにはいかない。

最初のうちは、バリケードをどけたり、牧場に通じる抜け道や獣道のような山道を利用したり……。

検問の警察官に止められると、こう説得した。

「牛が死んでしまう。エサをやらないと。自己責任で入る」

しかし、次第に警備は厳しく、バリケードも堅固になっていった。

五月十二日には、区域内の家畜を殺処分にするよう国の指示が出た。

そのころ、政権党であった民主党の衆院議員、高邑勉《たかむらつとむ》（四十一歳）は自主的に被災地に入り、家畜救出を求める農家の訴えに耳を傾けていた。その中で吉沢のことを知り、仲介に動き出す。

「家畜の衛生管理」や「被曝牛の学術調査・研究」への協力名目で、許可証が出るよう尽

提供された放射能汚染牧草を食べる牛を見守る吉沢正巳代表＝福島県浪江町の「希望の牧場」で。針谷勉氏撮影。

力した。

「牛を殺すな」。同じように共鳴したボランティアやジャーナリストらが全国から支援に駆け付けるようになり、彼らと協力しつつ、高邑と吉沢は七月、「希望の牧場・ふくしま」プロジェクトを立ち上げた。

警戒区域内の家畜は「餓死か殺処分」の二者択一ではなく、「人の手で生かす」という第三の道を模索しよう。それが狙いだった。

南相馬市や浪江町の役所窓口で、吉沢は「公益目的の一時立ち入り許可証」を得られるようになった。

だが、役所の窓口では、吉沢が牧場内に「殺処分反対」「反原発」などの看板・幟《のぼり》などを設置し、国の政策を批判してい

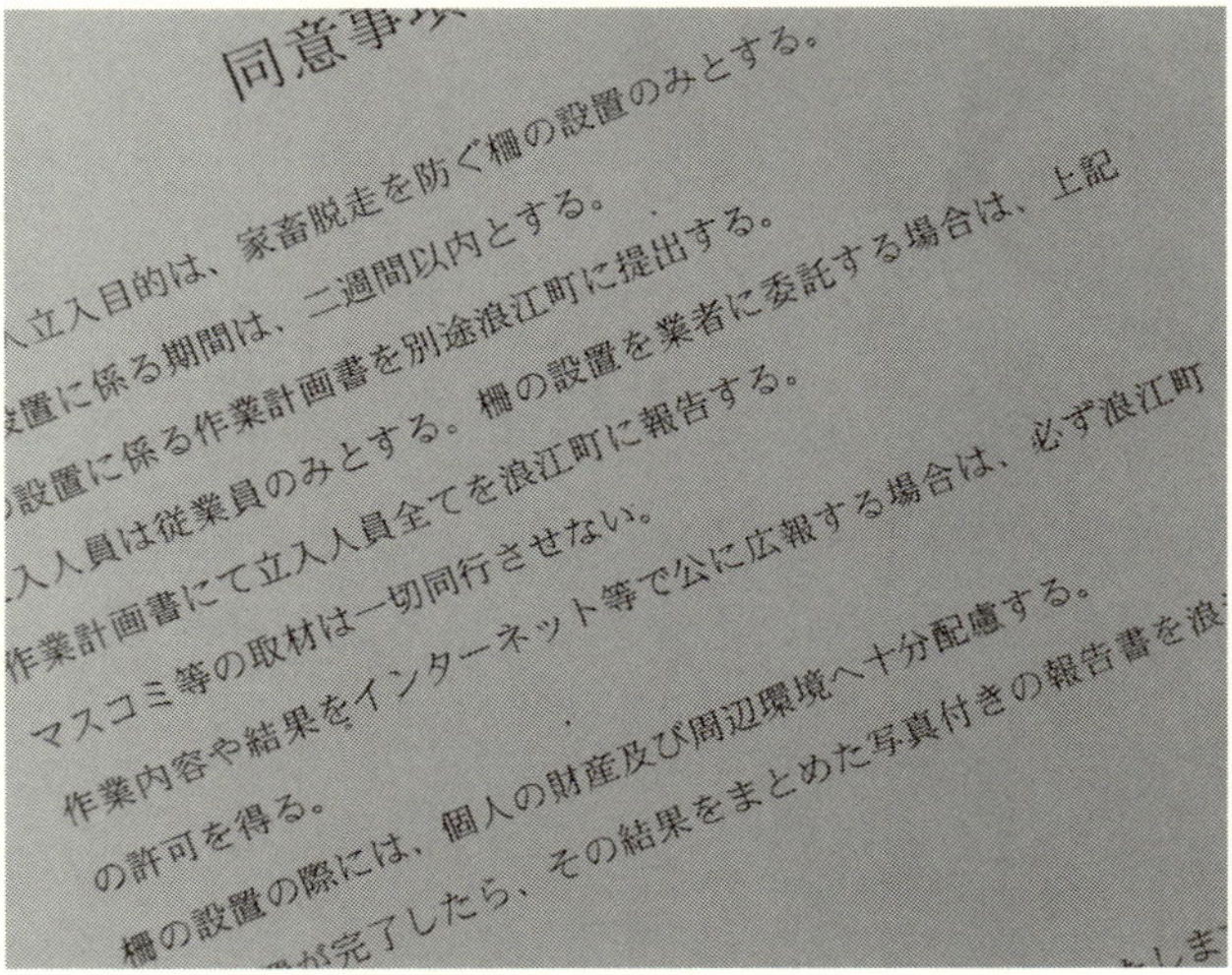
同意事項
立入目的は、家畜脱走を防ぐ柵の設置のみとする。
設置に係る期間は、二週間以内とする。
設置に係る作業計画書を別途浪江町に提出する。
入人員は従業員のみとする。柵の設置を業者に委託する場合は、上記
作業計画書にて立入人員全てを浪江町に報告する。
マスコミ等の取材は一切同行させない。
作業内容や結果をインターネット等で公に広報する場合は、必ず浪江町
の許可を得る。
柵の設置の際には、個人の財産及び周辺環境へ十分配慮する。
が完了したら、その結果をまとめた写真付きの報告書を浪

入域許可と引き換えに行政が提出を強いた、マスコミの同行取材を禁止する「同意書」。

ることを問題視。許可用件の「目的外行為だ」として撤去を求めたりした。

## 同意書の提出

原発事故に伴い、原発二〇キロ圏内の「希望の牧場」は立ち入り禁止の警戒区域内に入った。それでも牧場代表の吉沢正巳は牛の世話を続けた。

そのために二週間ごとに地元・福島県浪江町の役場へ出向き、立ち入り許可証の更新を繰り返した。二〇一一年十一月以降は、ある同意書の提出も求められた。吉沢は疑問や不満を抱きながらも、仕方なく応じ続けた。

同意事項は、作業内容や結果をインターネットなどで公にする場合は必ず

町の許可を得る。マスコミなどの取材は一切同行させない……。

書面の内容は、メディアに門戸を閉ざさない吉沢に同行取材するジャーナリストたちの間で、波紋を広げていった。

明けて二〇一二年の五月初旬、東京。

弁護士の日隅一雄《ひずみかずお》（故人）は、コメントを求める私の取材を受け、事情を知ると怒りの言葉を口にした。

「明白な憲法違反ですよ」

産経新聞の記者を辞め、法曹の道に転じて十四年余。原発事故が起きたあとは、東京電力や国の記者会見に欠かさず通いつめ、情報の隠蔽《いんぺい》を厳しくただし続けていた。

取材応対もそこそこに、すぐ吉沢の携帯に電話を入れた。

「国と町へ抗議の申し入れをし、記者会見で事態を公表したいのですが」

その後の行動も早かった。

東京弁護士会の報道と人権部会の元部会長で旧知の梓澤和幸《あずさわかずゆき》（七十二歳）を誘い、「弁護団」を結成。五月十七日には国の原子力災害対策本部と現地対策本部（オフサイトセンター＝OFC）や町に「表現の自由の侵害だ」と申し入れ、県庁で記者会見も開いた。

主張はこのようなものだった。

牧場作業の公表をめぐる事前許可の「強制」は、憲法で禁じる検閲にあたる。ジャーナリストの同行の「禁止」は取材を受ける権利、ひいては取材する権利を侵害し、報道の自由、市民の知る権利を侵す。

町役場は許可証を出すにあたり、なぜ一連の条件をつけたのか。会見にいたる過程の中で、私は町長の馬場有から聞いていた。

「条件を町がつけた覚えもないし、つける必要もない。国は形式的に許可権限は町にあるというが、実態はすべてＯＦＣが指示している」

これに対しＯＦＣの担当者は、かみ合わない釈明をした。

「警戒区域で牛を飼う行為が野生化する牛を増やし、周辺に迷惑をかける。町の担当者から相談を受け、同意条件を協議した」

## 記者会見

二〇一二年五月十七日、福島県庁。

牛を飼い続けるのに必要な許可を得るため、不本意な同意書を出してきた浪江町の「希望の牧場」代表・吉沢正巳は、東京の弁護士・日隅一雄ら「弁護団」と開いた記者会見の場にいた。

福島第一原発事故後の二〇一一年四月以降、警戒区域内に入った牧場は自由に立ち入れな

原発を批判した自著の出版記念会で福島瑞穂・参院議員に祝福を受ける日隅一雄弁護士＝海渡雄一弁護士提供。

くなっていた。

立ち入りが禁止され、例外的に許可を得て入った場合でも、区域内でのことを公表したり、マスコミに書かせたりしてはならない――同意書で国と町から課された「条件」は、要約すればそういうことだった。

会見では弁護団が、同意書の「条件」は表現・報道の自由や知る権利などを侵し、憲法違反にあたるなどと強く抗議。結果、「条件」はほどなく撤回に向かう。

会見に臨んだとき、実は日隅の体はぼろぼろの状態だった。意識がもうろうとして思考を妨げるからと鎮痛剤も使わず、全身に広がった痛みに耐え、マイクを握っていたのだ。

「末期の胆のうがんで余命半年」。そう医師に告知されてから、すでにほぼ一年。

日隅はこの間、入院治療を拒んで二十日間で退院、自宅闘病を続けてきた。抗がん剤を打ち、漢方を含むあらゆる療法を試みつつ、東京電力や原子力安全・保安院の記者会見に延べ百回以上も通い続けた。

政府の「低線量被曝《ひばく》についての間違った発表」、東電の「汚染水放出についての情報隠し」……などを続々と追及、暴露した。県庁での会見の前月には、福島大で開かれた「原発と人権」シンポジウムで、原発事故をめぐる情報操作問題を次々と指摘、元新聞記者の立場からマスメディアには特に厳しい批判の矛先を向けた。

「知り得たことを報道せず、放射能汚染情報を住民避難に生かせなかった」

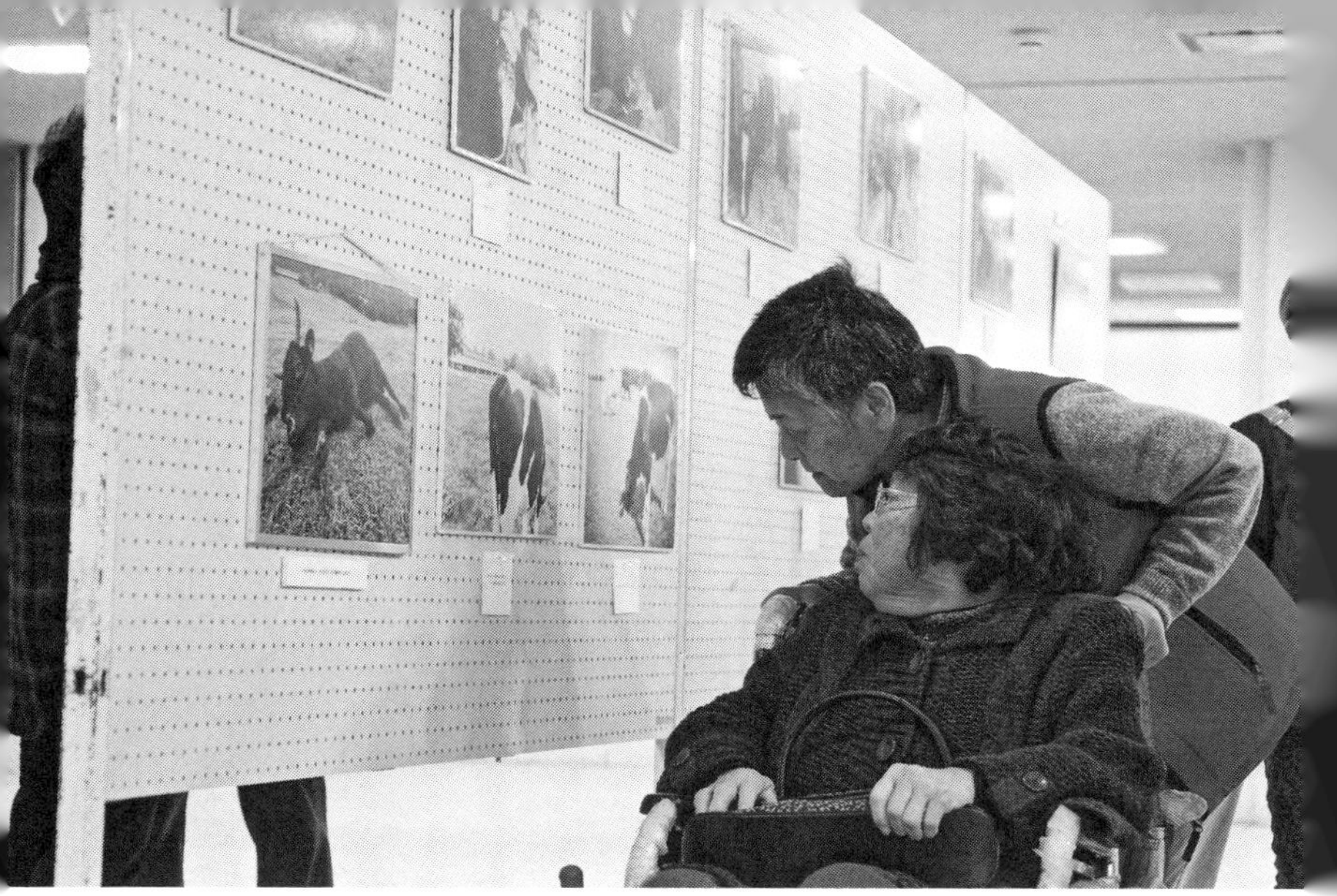

希望の牧場の写真展＝針谷勉氏撮影。

県庁会見の六日前。東京・原宿のギャラリーで牧場の写真展を取材していた私の携帯が鳴った。

「あす体調がよければ写真展に行きたい。案内してもらえませんか」

日隅からだった。写真展があることは、私が以前の面会の際に教えていた。

「本来なら牧場に行き、どんな牛たちをどんな風に育てておられるか、現場の土と風にふれながらお話を聞くべきなのです。ですが……」

県庁や福島大のある福島市までは新幹線で何とか往復できても、さらに浪江町までとなると、車での阿武隈山地の山越えが難しい。すでにギリギリの体調だった。

「せめて写真を通して感じとりたいんです」

## 訃報

約束の午前十時半きっかり、東京・JR原宿駅前。

待ち合わせ場所に現れた弁護士・日隅一雄は、福島県浪江町の「希望の牧場」の写真展が開かれているギャラリーまで、数百メートルの道のりを一時間近くかけてゆっくり歩いた。

何度も何度も路上の縁石に座り込み、休んでは歩き、歩いてはまた休み、会場へと向かった。

二〇一二年五月十二日のこと。数日後には、福島県庁で記者会見を開く予定が控えていた。福島第一原発二〇キロ圏内の牧場への立ち入りをめぐり、牧場代表の吉沢正巳に課せられた「表現の自由への制限」に対し、抗議するためだった。

しかし、一年前から末期の胆のうがんで闘病を続ける身には、さらに遠い沿岸部の牧場まで、となると往復するのは厳しい。支援に取り組み始めながらも、念願の現地入りを果たす見通しは立たないままだった。

ならば、少しでも現場の様子を知るために、写真展に案内してほしい。そう切望し、取材で知り合った私に付き添いを打診してきたのだ。

すでに体は口からの食事を受け付けない状態で、この朝も点滴を打ち、待ち合わせ場所にやって来た。

「短い距離ですが、やっぱりタクシーに乗りませんか」

道すがら、何度尋ねても、「いや、大丈夫」と首を振った。

ギャラリーに着くと、電話だけのやり取りだった吉沢と初めて顔を合わせ、静かに笑ってあいさつした。場内を回り、吉沢の説明を聞きながら牛たちの写真の一枚一枚に見入った。

最小限の言葉を交わしつつ、記者会見や関係官庁への申し入れの打ち合わせも済ませた。

面会も含めて一時間ほどでギャラリーを出ると、日隅はさすがにどっと疲れが出たように見えた。

「タクシーをお願いします」

そう言うのが精いっぱいだった。私が都内の自宅マンションまで送ると、居間に入るなり、そのまま倒れ込むようにソファに休んだ。

一カ月後の六月十二日早朝。日隅は激痛に耐えかねて同僚に電話し、救急車で都内の病院に入った。

先輩弁護士の梓澤和幸や海渡雄一《かいどゆういち》(五十九歳)、国と東京電力の責任を一緒に記者会見で追及してきたジャーナリストの木野龍逸《きのりゅういち》(四十九歳)らが続々集まってきた。そんな心許せる「同志」たちに囲まれながら、日隅はその夜、永眠した。四十九歳だった。

浪江町の牧場で訃報《ふほう》を聞いた吉沢は、自責の念に苦しんだ。

## 被曝牛

福島第一原発の事故で二〇キロ圏内の立ち入り禁止区域に入った福島県浪江町の「希望の牧場」。

そこで牛を飼い続ける人に寄り添い、人権の根本から規制の是非を問うことで、入域や取材への制約を取り除く――四十九歳で他界した東京の弁護士・日隅一雄にとって、それが最後の仕事となった。

日隅を「しのぶ会」は、死去後一カ月余を経た二〇一二年七月二十二日、東京・丸の内の東京会館で開かれた。参院議員の福島瑞穂（五十九歳）ら約五百人の会葬者の中には、浪江町からトラックで駆け付けた長靴姿の牧場代表・吉沢正巳と、スタッフの針谷勉（四十歳）の姿もあった。

「牧場を支援する活動が、死期を早めたのではないか」

吉沢も針谷も訃報《ふほう》を受けて以来、悔やんできた。

しかし、日隅は死の直前、こう話していた。

「いろんな活動をすることが生きがいになって、僕の免疫力は高まった。（末期がんで）宣告された余命半年を倍以上に延ばし、ここまで来られたんです」

原発事故をめぐる問題の追及や牧場の支援と同じく、弁護士生命をかけて闘った「ＮＨＫ慰安婦番組政治介入事件訴訟」の原告・西野瑠美子《にしのるみこ》（六十二歳）に、かすれた声で闘病中の思いを打ち明けていた。

その日隅の言葉を伝え聞いた針谷は、「吉沢父さんと似ているな」とすぐに思った。針谷は吉沢のことをときに「父さん」と呼ぶ。

原発から北西一四キロにある牧場内で暮らす吉沢は、この高線量の汚染区域で牛の世話を続けてきた。よく言う冗談めかした口癖がある。

「俺の被曝量《ひばく》は半端じゃない。けど、俺は逆に放射能で活性化されて元気になっちゃったんだ」

しかし、定期的に内部被曝検査を受診するなど、吉沢が意外に健康を気にしていることは、針谷も知っていた。

その吉沢がもっと気にかけていたのが、牛たちの身体の変化だった。

吉沢たちが経済価値のなくなった牛を三〇〇頭以上も飼い続ける一番の「大義」は、「原発被害の生き証人」ということだけにとどまらない。

「放射能による家畜の生体への影響を長期的に記録し、今後のために役立ててほしい」。そう願う意義も大きかった。

全国各地の大学からは「被曝牛を研究対象にしたい」と様々な申し出があった。「国に見捨てられた牛たちが役に立てる」と吉沢たちも積極的に協力してきた。

## 白い斑点

放射性物質の散らばる牧場での外部被曝《ひばく》や、汚染されたエサによる内部被曝で、原発事故後の牛たちの健康状態はどうなっているのか。全国各地の大学や研究機関から相次ぐ「被曝牛を研究対象にしたい」との申し出には、「希望の牧場」も積極的に応じてきた。

しかし、年月が経つにつれ、「国や企業からの研究費助成の削減のため」などの理由で、多くの機関が「希望の牧場」での調査から手をひいていった。

原発事故から一年半近く経とうとする二〇一二年夏ごろ。

牧場の黒毛和牛の一部に白い斑点が出ている――。吉沢は異変に気づいた。部分的に体毛が白髪のようになり、毛をそってみると体表の皮膚まで白い。

一年後の二〇一三年夏になると、白斑の出た牛は三〇頭以上になり、うち一〇頭は全身に広がっていた。「放射能の影響か」と強く疑った吉沢は、国に徹底解明を求めた。

二〇一三年十月十日、農林水産省畜産部が調査に乗り出し、専門官らが牧場を訪れた。比較のため白斑牛と非白斑牛を五頭ずつ診察し、採取した体毛や血液を分析のため持ち帰った。

二〇一四年一月六日付で牧場側に開示された「調査報告書」の結論は、白斑牛も非白斑牛

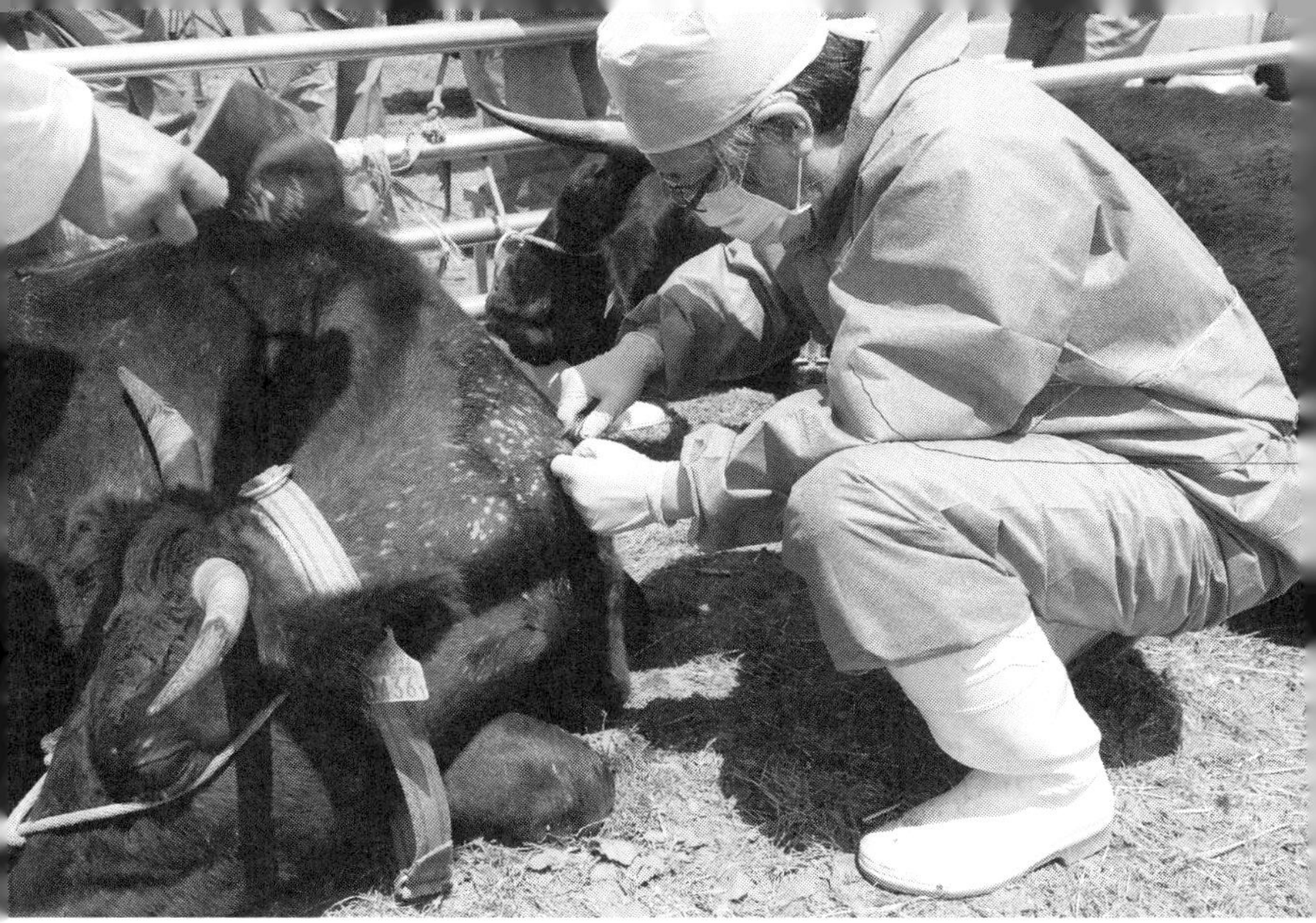

調査のため、牛から白斑部分の皮膚を採取する岩手大学の研究班＝2015年5月、大熊町の池田牧場で。

も「重度の銅欠乏症」だった。

銅は「生体内で重要な役割をもつ微量元素」で、「欠乏すると毛の色が薄くなる症状も見られることがある」と指摘。そのうえで、白斑牛と非白斑牛の双方に銅欠乏症がみられることから、それが白斑の原因かどうかは「特定できない」「不明」としていた。

その後、調査に大きな進展はない。農水省の担当者は取材に対しこう言った。「継続して県の家畜保健衛生所が現地調査をしている。放射線との関係については大学の研究機関がおやりになっているので……」

報告書の結論に、牧場のボランティアスタッフの針谷勉（四十歳）は「これでは一般的な健康診断と同じ」と反発した。

「我々が求める放射線との因果関係の有無を本気で調べる気があるのなら、被曝線量の調査、皮膚の切片を採取しての生体組織の検査、筋肉のセシウム含有量の調査などが必要なはず」

牧場の獣医師・伊東節郎《いとうせつろう》（六十六歳）も「『わからない』が結論だなんて。無責任もいいところ。わかるまで調べるべきだ」と怒った。

## 獣医

「希望の牧場」で白い斑点のある牛が増え始めてから間もないころ、牧場の様子を紹介する写真展が同じ福島県内の二本松市で開かれた。

二〇一二年十月。

事故が起きた福島第一原発周辺の家畜の状況が気になっていた獣医師・伊東節郎は写真展の会場を訪れ、牧場代表の吉沢正巳らの活動を初めて知った。

「放射能に汚染された牛を三〇〇頭以上も飼い続けるなんて、この男はいったい何を考えているんだ」

最初はいぶかしく思い、理解できなかった。

その後何度か吉沢やスタッフに会う機会があり、話を聞くうちに、「人間の都合で牛を殺

衰弱して立てなくなった牛に寄り添う伊東節郎獣医。

していいのか」という怒りは共有できた。

牧場ではそのころ、自然交配で増えた牛も含め、エサや栄養の不足が原因と思われる病気で死ぬ牛が相次いでいた。「白斑症」も減る気配がない。

吉沢らは、栄養管理や去勢を担当する牧場専属の獣医師を必要としていた。

「原発被害の証人として生かすという考えには賛成だ。けれど、ここで牛を飼うと決めた以上、自分の主義主張の見せ物にするのではなく、きちんと牛の健康管理をするべきだ」

考えた末、伊東は条件付きで専属の獣医の仕事を引き受けようと決断する。

もともと伊東はブラジルの牧場で長く働いていた。転機は二〇一一年三月の東京電力福島第一原発の事故だった。

生まれ故郷の東京・渋谷の幼なじみから連絡があり、「日本は今、大変なことになっているぞ。帰って来いよ」と促された。

その年の六月、すでに成人している娘三人の反対も押し切ってブラジルを後にし、実に三十三年ぶりに単身で帰国した。

すぐに東北へ飛ぶと、宮城県石巻市の石巻専修大キャンパスに持参のテントを張った。全国から駆け付けた若者や自衛隊員と一緒に、津波で被災した民家の泥かきなどにボランティアで従事した。

「泥かきだけじゃなく、本来の獣医師の資格を生かして復興の役に立ちたい」

一二年二月からは、福島県大玉村の県鳥獣保護センターに勤務した。

写真展から七カ月後の二〇一三年五月、伊東は「希望の牧場」専属になると、吉沢の「良き批判者」となるべく、牛の飼い方では遠慮なく持論を展開し続けた。

## 牛は見せ物じゃないぞ

「牛は見せ物じゃないぞ」

「希望の牧場」専属獣医師になったブラジル帰りの伊東節郎は、牧場代表の吉沢正巳に言い続けた。「しっかり健康管理を。俺たちには責任がある」

白斑のある牛を調べる大学の合同研究チーム＝福島県大熊町で。

とはいえ、牧場内で見つかる白斑のある牛には首をかしげるばかりだった。

「ブラジルでもたまに見かけたが、どれも生まれたときからの先天的症状だった。ここでは後天的。同じ原因かどうか」

白斑は別の牧場でも見つかった。

福島第一原発から西へ六キロ。福島県大熊町の「池田牧場」の牧場主・池田光秀《いけだみつひで》（五十四歳）が白い斑点に気づいたのは、同じ二〇一三年の春ごろだった。

ただ事情は異なる。「一一年三月の震災前にもたまに見かけた。だから一、二頭なら気にならなかった」

しかし、二〇一五年春には五一頭のうち二五％にあたる一三頭の牛に白い小さな斑点が目立ち、ほかの一頭は横腹に数十センチ大に及ぶ丸い白斑が出ている。

同年五月十七日、獣医師で岩手大農学部准教授の岡田啓司《おかだけいじ》（五十八歳）を中心とした「原発事故被災動物と環境研究会」のチームが池田牧場を訪れた。黒毛和牛四頭に麻酔をかけ、白斑部位の皮膚の小片を採取。急速冷凍した生体組織を岩手大獣医病理学研究室に運び、分析が続く。

岡田らは震災の翌二〇一二年九月から、原発二〇キロ圏の旧警戒区域内で被曝《ひばく》牛の調査を続けてきた。

研究会の顧問で獣医放射線学が専門の北里大名誉教授・伊藤伸彦《いとうのぶひこ》（六十七歳）は言う。「現時点で原因は分からない。複合要因として放射線の影響も捨てきれないし、微量元素の欠乏や感染が原因という説もある」

同じく北里大教授の夏堀雅宏《なつほりまさひろ》（四十九歳）は、空間放射線量が池田牧場より高くても、広い牧野で自由に水の飲める川がある牧場では白斑の症状が出ていないことを指摘。「放射線の影響とは考えにくい」と話す。

「飼い主が避難などで給餌《きゅうじ》・給水を十分にできなかった牧場に多発している。飢餓状態などの過酷ストレスが原因となり、後遺症としてこういう形で現れたのではないか」

これまで牧場で死んだ牛の解剖結果や筋肉・臓器に蓄積した放射性セシウムの調査からは、顕著な放射線由来の病変は見つかっていない。

だが、牛のような大型家畜の長期低線量被曝の影響データは、世界的にもほとんどない。

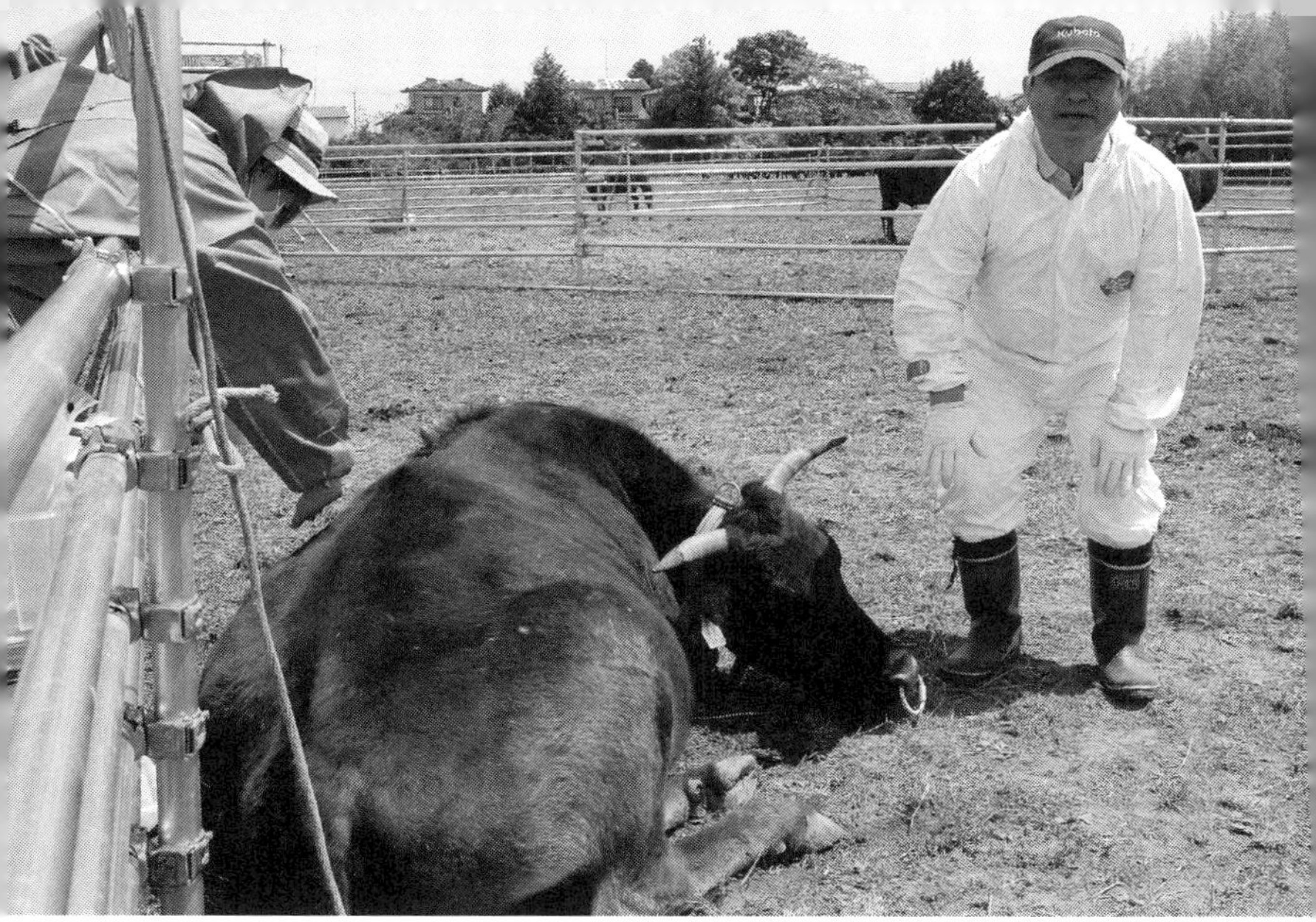

池田牧場で白斑が出た牛を見守る池田光秀氏。

そのため、こんな見解では一致している。

「ここの牛は非常に貴重。長期的な観察と研究が必要だ」

## 最後のエサだよ、ごめんね

東京電力福島第一原発から西へわずか六キロ地点の福島県大熊町内。白斑牛が見つかった「池田牧場」の牧場主・池田光秀は、ここで長年、和牛繁殖業を営んでいた。

国に逆らい、原発事故に伴う牛の殺処分指示への同意を拒んできた。当初は浪江町の「希望の牧場」からエサの支援も受け、代表の吉沢正巳とはいわば「同志」的関係だったが、「俺はあんなに過激じゃないよ」と、冗談めかして笑う。

広さ五ヘクタールの池田牧場では原発事

故の前、和牛三一頭を飼っていた。

二〇一一年三月十二日早朝、原発が危ないということで、一〇キロ圏内に避難指示が出た。

「最後のエサだよ、ごめんね。ごめんね」

池田は泣きながら、一頭一頭に給餌《きゅうじ》していった。

それからの池田一家は県内各地の避難先を転々とした。田村市、郡山市、裏磐梯（北塩原村）、喜多方市、いわき市……。九カ月後には広野町の借り上げ住宅に入った。

その間、原発二〇キロ圏内の牧畜農家で牛が大量に餓死しているとのニュースを耳にし、うちも同じだろうと、あきらめかけていた。

だが、六月に一時帰宅すると、牛たちは柵を破って牧場の周辺へと逃げ、全頭が「放れ牛」となっていた。家族同然に育ててきた牛たちだ。池田は「生きていてくれたんだ」と胸をなで下ろした。

妻の美喜子《みきこ》（五十七歳）と一時帰宅するたびに牛舎にエサを置いていくと、牛たちは時々戻り、エサを食べ、牛舎をねぐらにした形跡があった。

野生化した放れ牛が市街地を走り回り、空き家を荒らすというので、やがて大熊町は囲い込みを始めた。原発事故から一年余り過ぎた二〇一二年四月、池田も耳標で確認しながら我が子のような牛たちを探し出しては連れ帰り、電気柵を作って囲い込んだ。近くで畜産を営む美喜子の実家の二〇頭も連れてきた。

皮膚に白斑が出た牛たち＝浪江町の「希望の牧場」で木野村匡謙氏撮影。

殺処分に同意してしまい、「もう牛を見るのさえ嫌だ」と心が折れる仲間の姿をたくさん見てきた。

逆に池田は宣言している。

「最後まで同意しない。国は法的根拠がないから農家に責任を転嫁している。町内で応じないのは池田さんだけと迫った。ずるいやり方だ」

「むだに殺すのではなく、少しでも人類のために役立ててほしい」

牛は雑草を食べる。牧区を区切って放牧すれば農地の荒廃を防ぎ、除染にも役立ち、早期の営農再開も見込めると信じている。

**原発一揆**

二〇一四年六月十九日。

福島県浪江町の「希望の牧場」代表・吉沢正巳は、「原発一揆声明」を発表した。牧場の被曝《ひばく》牛の一部に現れた白い細かな斑点（白斑）の原因について、農林水産省は「わからない」としつつ、放射能との因果関係を探る詳細な調査はせずに幕引きしようとしている――吉沢たちには、そうとしか思えなかった。

声明は「原因がわかるまで徹底調査せよ」と求めていた。

環境相の石原伸晃《いしはらのぶてる》（五十八歳）が汚染土などの中間貯蔵施設の建設をめぐって「最後は金目《かねめ》でしょ」と発言したり、人気漫画「美味《おい》しんぼ」で新聞記者が東京電力福島第一原発の取材後に鼻血を出したとの表現が非難を浴びたり……。原発事故をめぐる様々な問題が日々のメディアをにぎわせていたころだった。

吉沢は声明で、石原発言を「まともな賠償をしたくないという国の本性が出た」と批判。「美味しんぼ」騒ぎについても「原発再稼働に障害となる表現や考え方の自由への縛りが始まっている」と直感した。

そうした事態への抗議として翌二十日、東京・霞が関の官庁街に白斑牛を放ち、政府官僚や報道陣に見てもらおう――。それが吉沢のいう「原発一揆」だった。

計画を知った吉沢の姉・小峰静江は大反対し、「身体を張ってでも阻止する」と怒った。

「逮捕されるに決まってるでしょう。あんたが逮捕されたら、いったい誰が牛の面倒見るんだい」

ボランティアスタッフの木野村匡謙には、「牛を運ぶトラックをパンクさせる」と伝えた。牧場車両の管理をしていた木野村は「パンクさせられると修理代が高くついて牧場経費に響くから」と、空気の抜き方をメールで教えた。

しかし、静江は結局、空気を抜くこともあきらめた。

「弟はいったん決めたら引かないし、止めても無駄。あの子は小さいときから何をしでかすか分からん子だった」と嘆く。

吉沢が四歳の頃、父親が牧場の水くみ場で包丁を研いでピカピカにしていた。じっと見ていた吉沢は、父親がその場を離れたすきに、自分の左手親指にグイッと当てた。

「ギャア」という泣き声で、静江は血みどろになっている弟に気づき、あわてて父親を呼んだ。

「切れるかどうか確かめたかった」と言ったらしいが、吉沢はあまりよく覚えていない。

## 親指の傷跡

深い傷痕が左手に残る。この傷で親指の付け根の関節部は引きつり、今も動かないままだ。

吉沢は幼少時、切れ味試しにと、自らの左手親指に包丁を当て、この傷を負ったのだった。

姉の小峰静江は、子どもの頃から変わらない弟の無鉄砲さを気にかけつつ、牧場運営では獣医師の伊東節郎と同様、吉沢に厳しい批判の目を向けてきた。

メディアの取材が入るたび「カリスマみたいに書かないで。舞い上がるだけだから」と冷ややかに言う。

二〇一四年六月二十日。

姉の猛反対を押し切った吉沢は、原発事故後に白斑の症状が出た黒毛和牛一頭をトラックに乗せ、牧場のある福島県から東京・霞が関の農林水産省前に乗り込んだ。

「牛は見せ物じゃない」が持論の伊東は、引き留めても無駄だとみるや、逆提案でトラックに同乗した。

「どうしても行くというなら、俺も獣医だ。牛の健康を管理する責任がある。俺も連れて行け」

そもそも国も福島県も福島第一原発の事故後間もなく、二〇キロ圏の警戒区域内の被曝《ひばく》牛は移動禁止と指示していた。吉沢が「一揆」の前日、それを予告する声明を出すと、県庁からは「思いとどまるように」と何度も電話がかかってきた。

農水省前で報道カメラマンのストロボが何度も光る中、牛を荷台から下ろそうとした吉沢は、阻止する警察官との間でもみ合いになった。

結局、下ろすことは断念し、応対した担当者に牛の白斑調査やえさの確保を求める要請書を手渡した。

環境省前では、環境相の石原伸晃の「金目」発言に対する抗議の演説をした。

そんな吉沢の怒りと行動力を支えているのは、父の遺産である牧場を「絶対に守る」との思いだった。

父・正三《しょうぞう》は一九八〇年五月、今の「希望の牧場」で、横転したトラクターの下敷きになり即死した。六十六歳だった。

亡父が戦後、最初に開拓に入った千葉県四街道市で、吉沢らきょうだいは育った。静江は市職員になったが、五十六歳で早期退職をし、浪江町の「吉沢牧場」の一角に住宅を建てた。原発事故さえなければ、老後はずっと、ここで晴耕雨読の生活が続くはずだった。

原発事故後も避難先の四街道市から毎週のように牧場へ通い、吉沢の牛飼いを手伝ってきた。

## 見捨てない

福島県浪江町の「希望の牧場」は震災前、「吉沢牧場」と呼ばれていた。丘陵地に広がる三二ヘクタールの土地は、吉沢正巳が父の死や兄の酪農経営失敗のあと、やはり酪農での再出発を考えていた場所だった。

だが、和牛繁殖で事業拡大を図る二本松市の農業生産法人・エム牧場の社長だった村田淳が、この広大な牧草地に目をつけた。

一九九七年ごろ、「浪江に広い農場が空いている」と知人に紹介された村田は視察に訪れ、「決断するのに〇・五秒」と言うほど気に入った。すぐさま提携を申し入れる。

「打てば響く、という言葉がぴったりの頭の切れる男。割り切りも決断も速かった」

初対面のとき、村田が抱いた印象通り、吉沢もほどなく提案を受け入れた。一九九八年秋には、正式にエム牧場の浪江農場として肉牛の肥育・繁殖事業がスタートした。

最初は二〇、三〇頭から始めた事業も十数年でようやく軌道に乗り、牛の頭数も三〇〇頭を超えるほどに事業が拡大したところで、二〇一一年三月の東京電力福島第一原発事故に見舞われた。

「まさに上り坂の途中だった」と村田は強調する。

「繁殖のために放牧する母牛は一〇〇頭、肉牛にするのは四五〇頭までをめざす構想を練っていた」

原発建屋の爆発で牛の出荷が道を閉ざされた三月下旬、村田は吉沢や牧場従業員らを二本松市のエム牧場本社に集め、対策会議を開いた。

「売れない牛をどうするか?」

村田の問いかけに、十数人の従業員は沈黙するばかり。みんな、どうしていいか分からなかった。

牧場経営もビジネス。生かせばエサ代も維持費もかさむだけ。でも、エサをやらなきゃ、牛は死ぬ。

「見捨てたくない」「見捨てない」

村田と吉沢の見解は一致した。

二本松市の本社から三五キロ先の浪江町の吉沢牧場へエサの支援を続けると、村田も決断。覚悟を決めた。

「こうなったら、いかなる手を使ってでも避難指示の出た原発二〇キロ圏内に入り、エサをやり続ける」

地元の浪江町は三月十五日、すでに役場ごと、ほとんど全町民が避難していた。四月には、吉沢牧場を含む二〇キロ圏内が立ち入り禁止になった。

吉沢は浪江町だけでなく、牧場の一部が市域にかかる隣の南相馬市にも、エサやりのための立ち入り許可を求めた。

## 生き残ったことが地獄

福島県南相馬市。

市長の桜井勝延《さくらいかつのぶ》（五十九歳）は元々酪農家だった。「希望の牧場」の吉沢正巳は「何としても牛を飼い続けたいという俺の思いは、同じベコ屋として分かってくれた」と話す。

東京電力福島第一原発で建屋が次々と爆発しても吉沢が牧場にとどまっていた頃、その桜井は市長として危機的な事態に向き合っていた。

放射能が危険だから家の中で待機しなさい――。政府は、最初の爆発から四日後の二〇一一年三月十五日、市役所のある原町区が入る原発二〇～三〇キロ圏内に屋内退避を指示した。が、「国、県から正式な情報がなかった」のは、隣の浪江町長・馬場有が嘆いた状況と同じだった。

翌十六日午後一時すぎ、ニュース映像を配信するAPF通信社（東京）の代表・山路徹《やまじとおる》（五十三歳）のインタビューを市長室で受けた桜井は、募るいら立ちをぶちまけた。

「食糧も物資も圏内に入ってこない。政府はガソリンを送ったというが、タンクローリー車は圏外で運転手が置き去りにして逃げた。コンビニでは売る物がなくなり、スーパーでは従業員がいなくなって閉鎖。まるで兵糧攻めだ」

「率直な気持ちを」とマイクを向ける山路に、「心情を吐露すると感情的になる」と自制していた桜井の声が、怒りにふるえていく。

「津波に奪われた家族を捜しに行けない。遺体があがっても遺族は火葬ができない。油がないし、従業員も逃げたので火葬場は昨日、閉鎖した。生き残った者にとって、生き残ったことが地獄なんだ」

ビルマ（ミャンマー）、ボスニア、ソマリア……。世界の紛争地で取材経験のある山路も次の質問に詰まった。撮影役は、のちに「希望の牧場」のボランティアスタッフとなる針谷勉。カメラを持つ手の震えを抑えるのに苦労した。

大手メディアは既に記者を引き揚げ、ＮＨＫは電話取材で市長の声を流した。「絶対に現地に入らねば」と、先に南相馬市内に入った針谷に山路が合流しての取材だった。

しかし、日本の放送局からは「コンプライアンス（法令や社会規範の順守）で避難指示区域の映像は使えない」などと言われた。欧米のメディアが映像を買ってくれた。

インターネットで情報は流れ、「日本政府は何をやってるんだ」との批判が国際的にも高まった。当時の民主党の災害対策本部から現地調査に入ったのが、衆院議員だった高邑勉《たかむらつとむ》らだった。

## 何しに来たんだ

「今ごろ何しに来たんだ！」

二〇一一年三月二十一日、福島県南相馬市の市長室。あいさつに訪れた民主党衆院議員一期目の高邑勉は、市長の桜井勝延から、まず最初に叱責《しっせき》された。

東京電力福島第一原発の建屋が次々と爆発していた。が、南相馬市には、国や県からの避難指示情報がほとんど届いていなかった。

食糧や燃料などの生活物資も滞り、「兵糧攻め」の孤立状態にあった。桜井はその窮状を内外のメディアに訴えていた。

民主党幹部が「支援物資を送っているのに届いていないとは？　誰か南相馬市長を黙らせてこい」と言うのを聞き、党の対策本部に詰めていた高邑が自ら手をあげたのだった。

しかし、到着した現地では、状況はまさに桜井が訴えていた通りだった。ほとんどの救援物資は、政府が設定した屋内退避指示の三〇キロ圏の外側で止まっていた。

「政府に実態が伝わっていません。何かお手伝いできませんか？」

高邑の言葉を聞くなり、桜井は「じゃあ泊まり込んで」と常駐を求めた。

桜井の気迫に押された高邑は、地元の民主党関係者が借りていた事務所に泊まり込んだ。国会と南相馬市、そして各地の被災現場を行き来する生活が始まった。

当時の市役所には、行方不明の家族や原発事故の情報を求める人々、支援物資の不足を訴える人たちが次々と来て、殺気だっていた。不安や不満をぶちまける人もいた。

特に四月二十二日に原発二〇キロ圏内への立ち入りが禁止されてからは、「馬、豚、牛はどうすんだ」という畜産農家からの苦情が相次いでいた。

「飼い主が家畜のエサやりなどで入域できるようにしてほしい」。高邑は、桜井から政府との調整役を頼まれた。

東京のAPF通信社に勤めていた針谷勉は、上司の山路徹と市長インタビューを終えたあとも、同僚の木野村匡謙《きのむらまさかね》（四十三歳）らと南相馬市を拠点に避難区域内の取材を続けた。市内には、地元紙も含めたマスメディアの記者らがほとんどいなくなっていた。

市役所で高邑と出会った針谷は五月中旬、原発二〇キロ圏内の取材規制の厳しさと、一方で記者が現場に行くことの重要性を訴えた。

高邑は、すぐに状況を理解し、自分たちの調査活動の「記録係」として同行を認めてくれた。

## 自分で判断するように

二〇一一年五月。

APF通信社の針谷勉は同僚の木野村匡謙らと、東京電力福島第一原発から二〇キロ圏の警戒区域内の取材を続けた。

福島県南相馬市役所で知り合った衆院議員の高邑勉に同行し、ときには高邑の議員事務所のスタッフとして、検問を通った。

高邑は市長の桜井勝延から、立ち入りが禁じられた警戒区域内の牧畜農家の要望を聞き、国との間で調整するよう要請されていた。しかし、五月十二日、政府からは、家畜の殺処分指示が出る。

調整のため、初めは馬、次に豚、そして牛……と順番に対応を進めていこうとしていた矢先のことだった。

こうした中で針谷と木野村は、自身の人生を大きく変える浪江町の牧場主・吉沢正巳に出会う。

吉沢牧場を訪ねた高邑が牧場の提携先の社長らから現状説明を受けている傍らで、吉沢は黙々と牛にエサをやっていた。いま、牧場見学者の前や東京の街頭で、雄弁に演説をぶつ吉沢と同じ人物とは、とうてい思えない印象の初対面だった。

牧場へ通ううちに針谷と木野村は、吉沢の強烈な個性の虜《とりこ》になった。三三〇頭の被曝《ひばく》牛をそのまま生かし続けるという「希望の牧場」プロジェクトに巻き込まれていく。

二人の部下とは別に、ＡＰＦ通信社の代表・山路徹（五十三歳）は警戒区域内で取材と並行して、取り残されたペットの救出に取り組んでいた。

世界各地の戦争・紛争取材の中で、山路は「危険地帯に自己責任で入ることが許されない組織ジャーナリズム」に疑問を感じ、勤め先のテレビ局を退社。独立後の一九九二年、紛争地専門のニュースを扱う今の通信社を立ち上げた。

「震災・原発報道も戦争報道と変わらない」が持論だ。原発の爆発直後、針谷らが「二〇キロ圏内に入っていいか」と尋ねてきたときも、「『希望の牧場』を支援するスタッフになりたい」と伝えてきたときも、「自分で判断するように」とだけ答えた。

中立性を失うほど取材対象にのめり込む。コンプライアンス（法令や社会規範の順守）に反する。どれもマスメディアの取材活動としては、ご法度だ。組織が禁じる理屈もわかる。けれどそれでは、そこに暮らす人々の思いも真実も伝え切れない。

それが山路の報道哲学だ。「行きたい、伝えたいという者を止めたなら、この小さな会社をつくった基本原則が崩れ去る」

## 命というものが最優先

東京電力福島第一原発の事故を機に、被災現地の取材に入った二人のジャーナリストは矩《のり》を超え、福島県浪江町の「希望の牧場」を支援し始めた。

牧場主の吉沢正巳にほれ込み、牧場のボランティアスタッフになった針谷勉と木野村匡謙。二人の「部下」を、山路徹はこう評する。

「二人とも頑固だからね。自分の中に確固とした正義をもち、それに従って行動している」。彼らをそう見込んだからこそ、採用したのだから。

二〇一一年七月、吉沢の思いを実現するための「希望の牧場・ふくしま」プロジェクトが始動すると、針谷は「山路さんに迷惑がかかるから」とＡＰＦの専属を辞めた。今は東京都内に独立した事務所をもち、そこに「希望の牧場」東京事務局も置く。

木野村はＡＰＦ東海支局長の仕事も続ける傍ら、岐阜県内から浪江町まで七百キロの道のりを毎週のように車で通い続ける。牧場業務のために大型特殊免許まで取った。

二人の支えもあり、吉沢牧場が前身の「希望の牧場」は二〇一二年四月、非営利一般社団法人として新たな一歩を踏み出していく。提携先のエム牧場からも自立しようとしていた。

吉沢は目の前にいる牛を、どうしても殺せなかった。山路は、そんな吉沢を「今の時代に絶滅危惧種みたいな人だ」と評する。

山路もまた、人のいなくなった警戒区域の原発二〇キロ圏内を取材する中で、目の前の犬や猫の命を見捨てることができなかった。仲間とともに「犬猫救出プロジェクト」に取り組み、約六〇〇匹を救い出している。

「どんな場合でも命というものが最優先にされなくてはならない」

山路がテレビ局で働く報道マンだった頃から、戦争取材の中で学んできた原則であり、信念でもある。

伝えることよりも、中立であることよりも、命を選ばねばならないときがある。過酷な条件下であればあるほど……。それは「原発推進とは、結局、人の命より経済を優先させることだ」という吉沢の哲学にもつながる。

山路のように警戒区域内のペットレスキューを取材する中で、「希望の牧場」と出会い、心を揺さぶられ、突き動かされた直木賞作家がいる。森絵都《もりえと》（四十七歳）だ。吉沢が発するたくさんの言葉たち。その「言葉の海」から、命の本質を突く「核心」を切り出し、絵本に結晶させられないか。そう考えていた。

## あなたも子どもの父親でしょ

絵本「希望の牧場」を作るため、森絵都は福島県浪江町に牧場代表の吉沢正巳を訪ねた。二〇一三年の晩秋だった。

東京電力福島第一原発の事故から間もない二〇一一年春ごろから、二〇キロ圏内のペットレスキューに関わるボランティアたちの間で、吉沢は「知られた存在」だった。森は犬・猫の救出活動のノンフィクションを執筆しつつ、牛舎につながれたまま餓死していく牛たちのニュースや吉沢の名に接するたびに、「この犠牲を何としても伝えたい」と気にかけていた。

所属する日本ペンクラブ主催の「脱原発を考える集い」が二〇一三年六月、東京の専修大学で開かれた。報告者として招かれた吉沢と初めて顔を合わせ、じかに話を聞き、悲壮感がないことに驚いた。

それまでは「牛の話は悲しすぎる」と思いつつ、絵本にして「お涙ちょうだい」の話になるのは嫌だった。

牛飼いが牛を飼う――あたり前のことを妨害するあらゆる力に対し、ひるまず挑んでいく「強さ」を吉沢に感じ、「ノンフィクションで絵本にできる」と確信した。

構想を練り、取材日程を調整し、編集者を通して絵を担当する画家を決めるのに五カ月かかった。この絵本の完成のためには、画家とともに現地を取材し、経験を共有することが必須だ。森はそう考えていたからだ。

選んだのは、大阪市在住でイラストレーターとしても名を上げていた吉田尚令《よしだひさのり》（四十三歳）。

岩崎書店（東京）の編集者を介した依頼の電話に、森作品の愛読者でもあった吉田は「意義ある仕事」としながらも、現地取材という条件には、「数日待ってほしい」と返事を留保した。

福島の原発事故後、関西電力本店前の脱原発デモにも参加していたが、原発二〇キロ圏内の「希望の牧場」に入ることにはためらいがあった。

「あなたも子どもの父親でしょ」

電話を終えた傍らで妻が言った。三歳になったばかりの双子の男の子がいた。一方で妻は、「私がどんなに反対しても、あなたは行くんでしょ」と吉田の性格を見抜いてもいた。

「放射線量があまりにも高い所には行かないから」……。

話し合い、妻を納得させ、吉田は東京都内の集合場所に向かった。

十一月二十日。初めて組む作家と画家は、編集者と新幹線で福島へ。駅前からはレンタカーで阿武隈山地を越え、浜通りに入った。

## しなくてもいいのか

東京の出版社・岩崎書店の編集者が運転するレンタカーは、住民が避難して「無人の街」と化していた福島県南相馬市小高区を抜けた。

東京電力福島第一原発から北西へ一四キロの地点。浪江町の「希望の牧場」が近づく。

作家の森絵都と画家の吉田尚令が同乗していた。

二〇一三年十一月。

前の座席で女性二人が会話を続けている。後ろの座席で吉田は無言のまま緊張していた。

立ち入り禁止だった旧警戒区域内に初めて入る。

除染土を入れた黒い袋が道路沿いに山積みにされていた。戸惑いつつ、持参したマスクは「しなくてもいいのか」などとひとり思い悩んだ。

旧警戒区域内でペットレスキューを取材した森も、牧場に来るのは初めてだった。視界が開けると、丘陵地帯に三百頭以上の牛がゆったりと、草を食んでいた。

「人間がいない所にこんなに牛がいるなんて」

森はその数や体格の大きさに、「迫り来る生命力」を感じた。犬・猫の救出活動に同行したときは、飼い主を失って「薄らぎ、失われていく命」ばかりを見ていた。違いは大きかった。

牧場に着くと、吉沢がよどみなく、機関銃のように話し出した。次々と繰り出される言葉の豊富さに吉田は圧倒され、用意した質問がなかなかできなかった。

吉沢の「言葉の海」の中のどこに本質があるのか、森は必死に探り出そうとしていた。この人は闘うだけの人間ではない。そう感じ取り、心をうたれた。

殺処分に泣く泣く同意した同業者からは「何でお前だけが生かしてるんだ」と非難されてきたが、吉沢は彼らのことを決して悪くは言わなかった。同じ牛飼いとしてのつらい思いも痛いほどわかっていたからだ。

森は、そんな吉沢の心中の言葉も、絵本に紡ごうと思った。一泊して翌朝、牛のエサやりを手伝った。

吉田は早朝、森らと別れて列車とバスを乗り継ぎ仙台へ。津波の被災地を抜けて市街に入ると、全く異なる都会の高層ビルの光景が目に入った。新幹線で地元・大阪の街に近づくにつれ、感情が抑えられなくなった。

「希望の牧場」で牛のえさやりを手伝う森絵都さん＝2013年11月、岩崎書店提供。

突然、涙があふれ出す。夕暮れの車窓に泣きぬれた自分の顔が映る。牧場では感傷に流されないよう、努めて冷静を装っていたが、腹立たしさがこみ上げてきた。

「何で吉沢さんが、こんな目にあわされるのか。見てきたものをすべて絵に吐き出してやる」

## モリモリ食って、クソたれろ

《もりもり食って、クソたれろ……おまえら、牛なんだから。オレは牛飼いだから、エサをやる。きめたんだ。おまえらとここにいる。意味があっても、なくてもな》

画家の吉田尚令は二〇一三年の暮れに

なって、作家の森絵都から「希望の牧場」を絵本にするための原稿を受け取った。

目を通すうち、身震いが止まらなくなった。それまで一〇冊近く、有名作家の作品を絵本にしたが、こんな経験は初めてだった。

牧場主の吉沢正巳が吐き出した一言一句の数々は、「言葉の海」のごとく際限がなかった。その中から、人の胸につきささる「鋭利な言葉」だけが、そこには残されていた。

「隣で一緒に聞いていたから、言葉を削《そ》いで削いで、彼女が何を残したかが、このとき初めて見てとれた」

ひと月ほど前、福島県浪江町の牧場を取材した日の夜。森と吉田と編集者の三人は、南相馬市内の食堂で絵本の構想を話し合った。吉沢を英雄扱いしない。説教臭い道徳的な物語にはしない。二十〜三十年後、たとえ牧場がなくなっていても、こんな人物がいて、こんな牧場があったことを後世に残せるような本にしよう――。

夜は更け、三人は店にあった最後のワインボトルも空けていた。

森は、威勢のいい吉沢の街頭演説には、さほど興味を示さなかった。吉沢が牛飼いの日常の中で呻吟《しんぎん》する一言一言に出会いたかったのだ。

牧場で語られた言葉を録音して持ち帰ると、「吉沢語録」を書き起こし、そこから何を残すかの作業に集中した。

《けど、弱った牛が死ぬたびに、ここには絶望しかないような気もする。希望なんてある

絵本『希望の牧場』（岩崎書店）から。

のかな。意味はあるのかな。まだ考えてる》

こんな弱音や迷いの言葉を、吉沢は街頭では口にしない。森は、そんな牛飼いの「痛み」と向き合うために二五〇キロ先の牧場に行ったのだった。

年が明けて吉田は、ほかの仕事を断り、絵の制作に没頭した。しかし、吉沢が国の指示を拒み、牛と生きる道を選ぶ場面で絵筆が止まった。吉沢の覚悟を考えれば考えるほど、先に進めなくなった。

何枚も何枚もコンテを描いた末にようやく、「吉沢が牛を抱く絵」はできた。

描き上げてみると、吉沢の方が牛に抱かれ、支えられ、助けられているようにも見えた。

そのころ、街頭から吉沢の「言葉の海」に飛び込もうとしていた意外な人がいた。

## 菅原です

「菅原です。ブログを見ました。応援に駆けつけたいのですが」

二〇一四年五月九日朝、「希望の牧場」ボランティアスタッフの針谷勉の携帯電話に品のいい女性の声が響いた。留守にした東京事務所の代表番号からの転送だった。

針谷は、全国各地に散らばる四百人近い牧場サポーターの一人かな、と思って聞いていた。東京・渋谷のハチ公前で毎月恒例の牧場代表・吉沢正巳の街頭演説がある日だった。女性は詳しい場所や時間を尋ね、続けた。

「実は俳優の菅原文太《すがわらぶんた》の妻なのですが、吉沢さんは終わったらすぐに帰られるんでしょうか？　文太と一緒に少しお話しさせていただくお時間はありますか？　お食事でもしながら……」

針谷は驚いた。文太の妻・文子《ふみこ》（七十三歳）からだった。吉沢の都合を聞くまでもなく、快諾した。

本業のジャーナリストとしての仕事があった針谷はすぐに、もう一人のボランティアスタッフ木野村匡謙に吉沢への同行を依頼した。世間知らずの吉沢一人では心配だった。

「この渋谷の明かり、東京の電気はどこから来ているんですか？　福島が何十年も送り続

渋谷・ハチ公前で演説する吉沢正巳代表。

けてきた電気ですよ」。よどみなく流れる、挑発するような、いつもの吉沢節が続く。

「そして今、原発が爆発し、我々は蹴飛ばされ、棄《す》てられた。福島の差別と犠牲の上に皆さんの、便利で楽しい暮らしがあるんですよっ」

都会の雑踏、ハチ公前の群衆の中に、菅原文太はいた。

帽子を目深にかぶり、腕を組み、じっと聴き入っていた。傍らには文子がぴったりと寄り添っていた。

その夕方、一緒に上京した専属獣医師の伊東節郎や合流した木野村とともに、吉沢は菅原夫妻から永田町の「鰻《うなぎ》屋」に招かれた。

文子は「鰻屋」と言うが、鰻素材の豪華な懐石料理の店だった。

福島県浪江町の牧場には全国の支援者から米や野菜が送られてくる。が、独身の吉沢は料理などしない。即席ラーメンやコンビニ弁当で済ますことも多い。千葉県から支援に通う姉の小峰静江がたまに、調理をしてくれるぐらいだ。

「見たこともない料理ばかり。こんな店、俺の生涯ではもう二度と来ることはないだろう」。

そう思いつつ、吉沢は箸を取った。

吉沢たちが驚いたのは料理だけではなかった。会席には元大物国会議員も同席し、さらに意外な話が切り出された。

## そうか、気をつけてな

二〇一四年五月九日夜、東京・永田町の懐石料亭。

福島県浪江町の「希望の牧場」代表・吉沢正巳、専属の獣医師・伊東節郎、ボランティアスタッフの木野村匡謙は、古民家のようなたたずまいの茶屋の二階に通された。

招いたのは、俳優の菅原文太と妻の文子。もう一人、そこには元自民党参院議員会長の村上正邦《むらかみまさくに》（八十二歳）も同席していた。

三人はその日、東京・渋谷のハチ公前の街頭で、吉沢が熱弁をふるう毎月恒例の演説を、お忍びで聴いていた。

菅原文太と妻の文子はお忍びでハチ公前に来て吉沢正巳代表の演説に耳を傾けた＝2014年5月、木野村匡謙氏撮影。

村上はかつて宗教団体「生長の家」などの支援で当選してきた「参院の首領《ドン》」だった。

政界汚職に絡んで失脚し、獄中体験も経て、福島の原発事故後は「脱原発派」に転身。一つ歳下の文太の盟友となっていた。

「脱原発のためには党派を超えて連帯しなければ……」が持論の吉沢も、同席に異存のあろうはずがなく、杯を交わした。

「きょうの吉沢さんの演説、俺にはとてもまねできない。まだ日本にはこんな人がいたんだ、と思った。それを支える木野村さんのような若者がいる限り、この日本もまだまだ捨てたもんじゃない」

文太が称賛し、村上がうなずく。

しかし、そのあとに出た話は、意外にも、同じ年の秋に予定されていた福島県知事選出馬への打診だった。

「やってみないかい？　脱原発候補はあんたしかいない」

文太は熱心だったが、吉沢はいきなりで戸惑った。

木野村は一瞬、思った。おもしろいじゃないか。

でも、三〇〇頭以上の牛の世話は誰が？……。冷静に考えると、やはり実現の可能性は限りなくゼロに近かった。

宴席は夜九時すぎまで続き、文太らは上機嫌でタクシーを呼んだ。

吉沢らが店の前で見送るとき、文太は窓を開け、心配げに言った。

「あんたたち今夜、どこに泊まるの？　泊まるところあるの？　宿、取ってあげようか？」

木野村が答えた。

「いえ、今夜は飲んでいない僕の運転で浪江の牧場に帰ります。朝の牛のエサやりがありますから」

文太は驚き、申し訳なさそうに返した。

「そうか、気をつけてな……」

やさしい人だなあ。そう感じた木野村も、まさか半年後の十一月末に文太（享年八十一歳）の訃報《ふほう》を聞こうとは思ってもみなかった。

沖縄の原発避難者家族から出迎えられる吉沢さんとベコトラ＝2015年6月、那覇新港で。

## 牛はものを言えないから

二〇一五年六月二十二日、「希望の牧場」代表・吉沢正巳は、那覇市の那覇新港フェリー埠頭《ふとう》に上陸した。牛をかたどった大きなオブジェをトレーラーに載せ、それをワゴン車で引っ張ってきた。

自称「ベコ・トラ」（牛のトラック）。トレーラーの車体には「原発一揆！」「決死救命、団結！」、大きな拡声機を付けたワゴン車の屋根には「東電、国は大損害つぐなえ」の文字が躍る。

吉沢は東京電力福島第一原発の事故以来、全国各地から講演に呼ばれ、被曝《ひばく》牛の実態を訴えてきた。だが、ベコ・トラで沖縄を行脚するのは初めてだった。

「歓迎　初来沖　連携しよう！　福島×沖縄」「ようこそ」

埠頭では、原発事故後に京都市から一家四人で那覇市へ移住した西尾舞《にしおまい》（三十六歳）が手作りのプラカードを掲げ、長男の淳之介《じゅんのすけ》（八歳）や次男の龍之介《りゅうのすけ》（五歳）とともに出迎えた。

「過激なプラカードは作れませんでした。活動家ではないから」

「過激な」と思われていた吉沢の前で、西尾が少しはにかんだ。那覇市内で二日後に開く吉沢の講演会を、生協活動の仲間と準備してきた。

住んでいた京都市は若狭湾の原発群から六〇キロ圏内に位置する。

「福島第一原発から同じ距離圏の福島市や郡山市から避難した人も大勢います。事故が起きてからでは遅い。原発のない沖縄への避難は、夫もすぐに賛同してくれました」

吉沢は上陸すると、空路で駆け付けた東京都のコピーライターで牧場サポーターの里見洋子《さとみようこ》（六十歳）らと合流。名護市辺野古に向かった。

俳優の故・菅原文太は晩年、病身をおして東京・渋谷の街頭に立ち、演説する吉沢に声をかけ、福島の反原発運動を支えようとした。生前の最後の取り組みが、辺野古の米軍基地新設反対運動への連帯だった。

恩を返す。遺志を継ぐ。吉沢には、そんな思いもあった。

「僕たちは原発事故で自分の町が崩れていくのを体験してきた。いま改めて、米軍基地に故郷を奪われた沖縄の人々の長年の苦しみが、理解できるつもりです」

安次富浩さん（左）と吉沢正巳代表＝沖縄・辺野古の監視テント内。

吉沢の演説を拡声機で流しながら、ベコ・トラが辺野古の新基地建設現場に近づくと、反対運動のテント村の人々が拍手で出迎えた。

テント村の「村長」を務める安次富浩《あしとみひろし》（六十九歳）は、吉沢を海辺の監視テントに招き入れ、語った。

「あなたの話はよく分かる。牛はものを言えないんだから」

## 望郷の牛

「牛は自分の命を助けてくれとは言えないんだ」

六月二十二日、沖縄・辺野古。

テント村で村長の安次富浩は、吉沢の言葉の一つひとつにうなずきながら、自らの思いを口にしていった。

「牛の話を、人に置き換えればいい。国が福島県民の命を、いかに大事にしていないかが見えてくる」

「畜産農家がなかなか反対しにくいことをいいことに、問答無用で強行した。今の沖縄の問題にもつながる。当事者が気づいて声をあげていかないと、権力の思うがままだ。権力に命の選別をさせてはならない」

それに対して吉沢は、東京電力福島第一原発事故の前までは、福島県浪江町の牧場から肉牛の買い付けによく来沖していたことや、今の牧場の牛の四分の一以上が沖縄系といえること……。そんな沖縄との「不思議な縁」を安次富に伝えた。

テントの外では、吉沢の宣伝カー「ベコ・トラ」（牛のトラック）の周りに、興味深そうに人々が群がっていた。

反対運動を支援した故・菅原文太主演の映画「トラック野郎」に登場する派手な装飾の「デコ・トラ」（デコレーショントラック）をもじり、宣伝カーの通称にしていることを、吉沢は誇らしげに説明した。

近くの米軍キャンプ・シュワブ前でも演説し、三百五十一日目の座り込み抗議行動に参加した後、読谷村《よみたんそん》の彫刻家・金城実《きんじょうみのる》（七十六歳）の自宅アトリエに急いだ。

昨年九月、神奈川県鎌倉市であった対話集会で同席した金城から、「六月二十三日は沖縄

『慰霊の日』。当日の行動の準備に、仲間が集まるから」と招かれていた。

ベコ・トラに載った大型成牛の等身大オブジェに、金城は目を細め、子どものようにはしゃいだ。

オブジェは元々、九州大准教授の知足美加子《ともたりみかこ》（四十九歳）が三年前の国展に出展した立体芸術作品だった。

原発事故で飼い主を失い、エサを求めて放浪し、野生化した牛たちをイメージしたもので、「望郷の牛」と名付けられた。

同じ時期に東京で開かれていた牧場の写真展を見た知足が、「やり場のない痛み」を感じ、出展後に作品を牧場に寄贈した。

牛の体の輪郭に沿って鉄の棒を立体的に溶接し、白く塗った造形。牛の帰る場所が未来にあることを願いつつ、知足は祈るような気持ちで作った。

## なぜ、こんなことに

オブジェの牛は空を見上げて首をかしげているようにも、人間に向かって問いを投げかけているかのようにも、見える。

「なぜ、こんなことに？」

九州大芸術工学研究院の准教授・知足美加子が自らの立体作品「望郷の牛」を福島県浪江町の「希望の牧場」に運び込んだのは、二〇一二年の夏だった。

牛の輪郭に合わせ、直径一三ミリの鉄の棒を一本いっぽん、溶接してはつなぎ、白く塗装を施したスケルトン（骨格）のような造形。牧場の一角に置かれた。

東京電力福島第一原発の事故からまだ一年半。一面に広がる牧草の緑や阿武隈山系の山々、空の色が牛の体を透過し、失われた故郷の光景として見る者に迫ってくる。

美術館の空間に置かれるのとは、全く違う作品のようだった。

三カ月ほど経った頃。作品を寄贈された牧場代表の吉沢正巳は、白い輪郭を突然、真っ赤な塗料で塗ってしまった。

「東京の街頭演説に連れていくから、目立つよう、革命の血の色に染めたんだ」と、吉沢は悪びれるところがない。「芸術作品なのに」。吉沢らを支える牧場サポーターの間からも批判が出た。

心配したスタッフの針谷勉は、知足に謝罪の電話を入れた。

「先生の芸術作品の色彩を勝手に変えてしまいまして……」

平謝りだった。

予想に反して、おおらかな答えが返ってきた。

「作品は私の手を離れ、吉沢さんのもとで歩き出しています。私に赤は塗れないけど、それが吉沢さんの怒りの真実の色ならば、これもまた必然です」
むしろ、本来は動かない彫刻作品が、吉沢の言葉とともに全国各地を動き回ることに、「新鮮な驚きと喜び」を知足は感じたという。

「望郷の牛」の制作者、知足美加子さん（中央）＝2012年8月、希望の牧場で、知足氏提供。

二〇一五年六月二十二日。初めて沖縄入りした吉沢の宣伝カー「ベコ・トラ」は、読谷村の彫刻家・金城実（七十六歳）のアトリエ前に横付けされた。

近くのサトウキビ畑の農道には、金城が制作した巨大な彫像「闘う漁夫」と「海を守る鬼神」を積んだトラックがとまっていた。荷台には「沖縄戦の慰霊とは辺野古に基地を造らせないこと」と大書された看板も載っている。翌二十三日の「沖縄・慰霊の日」に、首相・安倍《あべ》晋三《しんぞう》に見せてやろうと準備していたものだ。

金城は自作の彫像を吉沢に披露する一方で、ベコ・トラに載せられた「望郷の牛」の造形の見事さにうなった。

## 慰霊の日

「慰霊の日」を翌日に控えた沖縄県の読谷村。

自宅アトリエ近くで、金城実はしばらく考え込むように腕組みをし、突然こう言い出した。

「誰かスーパーで黒いゴミ袋を買って来い。白じゃなくて黒だぞ」

目の前には、宣伝カー「ベコ・トラ」。その荷台には、鉄の棒をつなげて等身大の牛をかたどったオブジェ「望郷の牛」が立つ。

一体何を言い出すのか。ベコ・トラで沖縄入りした「希望の牧場」代表・吉沢正巳や、翌日の行動の準備で金城宅に集まっていた誰もが驚いた。

「牛の身体に詰めるんじゃ」

黒いゴミ袋だけでなく、近所の農家の人たちも黒い農業ネットを持って集まってくると「これでいい」。人々がオブジェの空洞に詰め始めた。

やがて、誰もが目を見張った。

ベコトラに乗せられた「望郷の牛」のオブジェの前で話し合う金城実氏（右）と吉沢正巳代表＝沖縄県読谷村。

「身体が空洞だった、かなしみの牛が、天にほえる怒りの黒毛和牛に変身しちゃった。さすが金城先生だ」。吉沢に同行した牧場サポーターの里見洋子が驚嘆の声をあげた。

一夜明けた六月二十三日、沖縄は戦後七十年の「慰霊の日」を迎えた。

「沖縄全戦没者追悼式」に出席する首相・安倍晋三に作品を見せよう。金城が制作した「闘う漁夫」と「海を守る鬼神」の巨大彫像二体を積んだトラックと、福島県浪江町から来た吉沢のベコ・トラは、支援者らと読谷村を出発した。

糸満市の式典会場の周辺は、厳しい検問態勢と交通規制が敷かれていた。ベコ・トラは途中、パンクした後輪の修理に時間をとられ、金城のトラックとはぐれてしまった。

しかし、金城らの車が警備の警察官に止められ、事情を聞かれた金城らと警察官が口論している、その混乱の間に、吉沢のベコ・トラはすっと傍らを通り抜け、会場に近づくことができた。

街頭演説こそ禁じられていたが、原発批判の言葉を掲げたベコ・トラは、怒れる「望郷の牛」を引っ張り、会場の周囲を何周も回った。沿道では大勢の人たちが不思議そうな顔をしながらも手をふり、拍手し、「がんばれよ」と声をかけた。

翌日以降、那覇市内二カ所で講演した後、吉沢はフェリーで鹿児島に渡り、九州縦断の講演旅行を続けた。六月二十六日夕、ベコ・トラで福岡市の九州大を訪ね、准教授で牛のオブジェ制作者の知足美加子と三年ぶりの再会を果たした。

天にほえる牛のオブジェに手を振る沿道の人たち＝沖縄県糸満。

「社会の荒波に独り立ちさせた我が放蕩息子が、久しぶりに実家に帰ってきたみたい」

そんな不思議な感覚を、知足は覚えた。

「たとえて言えば、頭が茶髪になっていて、びっくりした。けれど、紛れもない我が子。独り歩きをこれからも見守りたい」

## 支え続けたのは

東京電力福島第一原発の事故後の絶望のまっただ中から、「希望の牧場」は生まれた。

支え続けたのは、北海道から沖縄まで四〇〇人以上のサポーターに加え、寄付を寄せてくれる財政面での支援者たちだった。

牧場の預金通帳に残るだけで、寄付は延べ一万件近く。非営利一般社団法人としての「希望の牧場・ふくしま」の事業収入はゼロで、活動経費はすべて寄付金が頼りだ。

牛のエサは汚染牧草をもらってきたり、モヤシや果実の搾りかす、稲わらなどを無料か安く譲り受けたり。その運搬や交渉の費用、交通費などで支出の大部分を占める。

施設の管理運営経費を加えると、年間一〇〇〇万円は下らない。

代表の吉沢正巳は福島県浪江町の牧場内で暮らす。生活費には、各地から声がかかる吉沢の講演料や個人カンパを充ててきた。

「食料の差し入れは多いし、独身で無趣味の俺にカネはかからない」と吉沢は笑い飛ばす。

原発の事故を受け、避難指示区域の住民に東電から支払われる毎月一〇万円の慰謝料さえ、まだ請求していなかった。「面倒なんで」と関係書類をためたままにしていたのだ。

事故の前に約三三〇頭いた牛の損害賠償金は、牛の所有権が提携先の会社にあったため、牧場には一銭も入ってこなかった。

「とにかくカネには縁がないし、執着もない人。それも問題なんですけどね……」

ボランティアスタッフの針谷勉はあきれている。

メディアを通じた訴え、街頭宣伝活動、写真展……。それらに伴い集まる寄付はこの四年間で、年平均一千数百万円あったので、ここまでやってこられた。

法人の預金口座が底をつきそうになると一人で一〇〇万円以上をポンと送金してくれる篤志家や、街頭演説のときに置いた募金箱に一万円札を入れてくれる通りすがりの人もいた。

横浜市の法政女子高の国語教師・出澤映子《でざわえいこ》（六十歳）は、二〇一一年三月の原発事故直後から、人影の消えた警戒区域内に入り、取り残されたペットの救援活動に関わった。一方で家畜が餓死し、殺処分されていくニュースに心を痛めた。吉沢の活動を知り、被曝《ひばく》牛を生かしていることに救われる思いがしていた。

その年の十一月、カンパ金を持って初めて牧場へやってきた。以来、三カ月に一回程度訪ねては牧場の雑事を手伝い、吉沢を自分の授業にも講師として招待した。

## カネより命

出澤映子が、福島県浪江町の「希望の牧場」に泊まり込みで通い始めて四年近く。冬場のエサ不足や飼料運搬車の冬タイヤの交換などで経費が膨らみ、牧場の台所事情が苦しいときは、スタッフからの情報発信で状況が分かった。

気づくたびに、給料などをためた中から数十万円単位の寄付をしてきた。これまでに計二〇〇万円近くになる。

二〇一五年二月には、選択授業の講師に牧場主の吉沢正巳を招いた。「ベコ・トラ」に幟《のぼり》を立て、ワゴン車で現れた吉沢に、女子生徒らは教室の窓に顔を連ねて拍手喝采した。

震災や原発事故をめぐり、出澤は生徒らに問いかけた。「弱者の命を踏みつけての繁栄なら、水俣病と同じ構造では?」。この日のテーマは「ほんとうの豊かさとは?」だった。

「おカネとか、『豊かな生活』とか、出世とか、俗世間の価値観からは最も遠い所にいる自由な人」。出澤は吉沢を自分なりに分析してみせる。

一方で、「世話が焼けて困った人だ」と感じることも多い。独身の吉沢は日常生活では料理も掃除もしない。片付けも苦手だ。

強烈な個性に引きつけられる支援者らがいる半面、過激に見える言動で離れる人もいる。

そんなとき、吉沢は寂しげにこう言うだけだ。

「あの人はこのごろ来ないんだよ。会ってくれないんだよ。向こうに行っちゃったんだよね」

もちろん、寄付金が底をつけば、牧場はすぐに行き詰まる――。よく分かっているからこそ、理解を求めて「牛を生かす意義」を街頭や集まりで説明する。ただ、吉沢の言葉は大衆にこびない。東京都心の演説では、むしろ人々の生活や生き方に疑問を投げかけ、挑発するものだ。

「福島の避難民は、今も狭くて寒い仮設や借り上げ住宅で暮らしている。東京の皆さんは、きょうもこうして豊かな暮らしを楽しんでいる。東京オリンピック？　勝手にやればいい。だけどね、福島の原発事故をなかったことにはできませんよっ！」

牧場には老衰で死んだシゲシゲという種牛がいた。威厳があって気が強く、背に乗るのを許したのは吉沢だけだった。

吉沢氏による高校での特別授業＝横浜市。

シゲシゲに乗る吉沢正巳＝有馬小百合氏撮影。

スタッフの針谷勉は語る。

「吉沢の目標は原発を乗り越えること、札束で人の頬をたたいてつくってきた社会の克服です。カネより命を大事にする社会の実現――シゲシゲを乗りこなす吉沢を見て、僕は確信しました」

# 第２章　原発スローガン「明るい未来」

人のいなくなった街に原発推進の看板と犬たちが取り残されていた
＝2011年4月7日、森住卓氏撮影

## 一枚の写真

一枚の写真がある。

二〇一一年三月の東京電力福島第一原発事故で、ゴーストタウンと化した福島県双葉町。「原子力　明るい未来のエネルギー」。商店街の入り口に、大きな看板がかかる。

そのスローガンの下に柴犬《しばいぬ》らしき犬が二匹。首輪を付けたまま野犬と化し、やせ衰え、彷徨《さまよ》っている。

緊急避難で置いていかざるをえなかったに違いない飼い主を、捜すかのような虚《うつ》ろな目……。

大量被曝《ひばく》を覚悟し、事故直後から断続的に現地入りしていたフォトジャーナリストの森住卓《もりずみたかし》（六十四歳）は、同年四月七日朝、この光景に遭遇し、夢中でシャッターを切った。路上にカメラの本体を着け、低いアングルから撮った写真は、斜めに傾いている。動揺していたわけじゃない。

「悔しくて、まっすぐに撮る気になれなかったんだ」と私に述懐した。

かつて取材した旧ソ連・チェルノブイリ原発事故の被災地でも、セミパラチンスクの核実験場でも、爆心地周辺以外では振り切れることはなかった放射線測定器が、ピーッと鳴りながら何度も振り切れた。

一貫して「反核」の立場からヒバクシャの取材をしてきた森住にとって、看板の標語は「欺瞞《ぎまん》」そのものではあった。が、考えを巡らせると、思いは複雑だった。

これを掲示した責任者は、その欺瞞に気づいていたのだろうか。この町で生きていくには、欺瞞さえも呑《の》み込むしかなかったのか。

標語をつくったのが当時十二歳の小学生と知ったのは、つい最近のことだ。成人した少年が看板の撤去に反対している。私の書いた記事を読み、森住はこう思うようになっていたという。

「少年」に会ってみたい。

スローガンの考案者・大沼勇治《おおぬまゆうじ》（三十九歳）は双葉町で生まれ育った。原発事故で避難先を転々としながら、ネット上で偶然、森住の一枚を見つけた。

これまで何度、この写真をクリックしては見つめ直したことだろう。そのたびに深い絶望感を抱き、罪の意識にさいなまれ続けた。

「本当のことを言おう」。避難生活が長引く中、決意は徐々に固まり、生き方まで一変していく。

町が看板の撤去を始めた二〇一五年十二月。避難先の茨城県から、大沼は現場へと急いだのだった。

## 看板の撤去

十二月二十一日午前十時五十分、福島県双葉町の商店街入り口。

原発推進のスローガンを掲げて頭上にまたがる町の「原子力広報塔」が、まずは看板部分から撤去され始めようとしていた。

集まった約三〇人の報道陣の前に、頭からつま先までを防護服で身を固めた男女が現れた。避難先の茨城県古河《こが》市から駆けつけた大沼勇治は無言のまま「撤去が復興?」、隣に並ぶ妻のせりな（四十歳）も「過去は消せず」と抗議するボードを携えている。

前の晩遅くまで二人で考えに考えたメッセージ。手作りのボード二枚に思いを託した。カメラのシャッター音が一斉に響く。音が静まると、大沼は記者たちを前に、静かに語り始めた。

「復興というなら、この看板を残した上で復興してほしかった。原発事故の痛みを伝え続けるためにも、残してほしかった。この場所で」

ときどき言葉に詰まり、震える声には、悔しさがにじむ。

地元建設会社の高所作業車がうなりをあげた。四メートルの高さまで上がったゴンドラに乗る二人の作業員が、三十年近く前に大沼の考案した標語「原子力　明るい未来のエネル

撤去工事中の看板の前で抗議する大沼夫妻。

ギー」の文字板十四枚を右端の「ー」から一枚ずつ外していく。

すべての文字板が三十分ほどで外されると、報道陣の多くは、町役場が用意した車で引き揚げていった。

その後、同じ広報塔の裏側の標語「原子力 正しい理解で 豊かなくらし」の文字板も外された。

町内にはもう一カ所、町役場前にも広報塔があり、その表裏には「原子力 郷土の発展 豊かな未来」「原子力 豊かな社会とまちづくり」の標語が掲げてあった。

町は当初、これら四種類の標語を掲げた二基の広報塔をすべて撤去し、廃棄する計画だった。

原発事故の教訓を語り継ぐ「負の遺産」として現場で永久保存するべきだと、大沼らが七千人近い署名を集めたため、町は「撤去はするが、保存する」との方針に転換した。工事の初日、町長の伊沢史朗《いざわしろう》（五十七歳）が改めて談話を出した。

「看板の老朽化により原子力広報塔を撤去するが、双葉町の財産として大切に保存をする。看板については、双葉町が復興した時にあらためて復元、展示を考えている」

ところが翌日、心配で現場に戻った大沼は、「保存とはかけ離れた光景」を目にする。

## 大切に保存はウソなのか

福島県の太平洋岸を貫く国道六号から双葉町の中心街に入ると、町道をまたぐ大きなゲート形の「原子力広報塔」が目に飛び込む。

「原子力　明るい未来のエネルギー」。三十年近く原発推進をＰＲし続けてきた看板だが、二〇一五年末に標語の文字板はすべて外され、二〇一六年三月始めまでは広告塔だけが、シュールな姿で「無」を発信し続けていた。

東京電力福島第一原発の北四キロ。その標語を考案した大沼勇治が生まれ育った実家や親が経営してきたアパートは、この広報塔からほど近い。

町が二〇一五年春、「老朽化」を理由に看板撤去の方針を打ち出すと、大沼の標語は、改めて有名になった。

原発推進スローガンの看板はクレーンでつり上げられ、トレーラーで運ばれた。

「負の遺産として」と、現場での永久保存を訴える大沼らの要望の一部を受け入れ、町は「いったん撤去するが、県が計画する復興祈念施設での展示を視野に、町役場の倉庫に保管する」との方針に転じた。

しかし、工事初日にあたる同年十二月二十一日の取材から多くの報道陣が引き揚げた翌日、文字板を外したあとの看板裏側の鉄板は、作業員の手で一部がバリバリと剝ぎ取られ、バーナーで細かく焼き切られた。

「大切に保存、というのはうそなのか。これでは復元できないじゃないか。約束と違う」

作業を目の当たりにした大沼の抗議で、町の担当職員も駆け付け、工事は一時中断された。細断された鉄板は町役場横に運ばれ、震災で入り口のシャッターが壊れて閉まらなくなったままの倉庫に、「保管」された。

解体を請け負った地元の建設会社は「鉄板は予想以上に腐食しており、再利用は不可能」と、細断した理由を大沼や私に説明した。

一方、町役場側は「切断しても三分割までという計画だった」などと話す。「現場で誤解があった」「復元はできる」として業者側と再び協議。原状に近い状態に戻せるよう工法の一部は変更し、工事期間も大幅に延長した。

役場前にあったもう一基の広報塔の鉄板は計画通りに三分割され、看板両端の鉄製の支柱とともに撤去後、倉庫に移されている。

一方、解体に抗議した大沼の標語の鉄板は、三分割せずにそのまま倉庫に保管されることになった。

「長さ一六メートルの鉄板を運べる大型車両の道路通行許可を待っている段階」と、この時点で町役場側は釈明した。

広報塔二基を同じ扱いで現場保存するよう求めてきた大沼は、不信を募らせるばかりだった。

## 優秀賞、おめでとう

自ら考案した標語の看板が、「人間の愚かさの象徴」になる日が来るなどと、大沼勇治は二十八年前、思ってもみなかった。

一九八八年三月二十五日。

その標語が掲げられた福島県双葉町の「原子力広報塔」前で、十二歳の大沼は、当時の町長だった岩本忠夫《いわもとただお》から賞状を受け取った。

「『原子力　明るい未来のエネルギー』。優秀賞、おめでとう」

祝福の言葉は今も耳に残る。

町立双葉北小学校に通っていた。何にでも懸命に取り組む性格だった。半年ほど前の六年生の秋、担任の教師から宿題を出された。

「『原子力』という言葉をアタマに付けて、推進する標語を三つ考えてきなさい」

児童たちがつくった標語が学校を通して町に提出され、大沼の作品の一つが「優秀賞」に選ばれた。ほかの入賞者四人は、誰もが、はるか年上の大人たちだった。

少年時代の大沼は、故郷の「明るい未来」を心の底から信じて疑わなかった。「原発との共存」をめざしていた町の光景も、常にこの看板とともにあった。

友人たちと看板の下を通るとき、胸に秘めた誇らしさを感じなかったことはない。

表彰の二年前には旧ソ連でチェルノブイリ原発事故が起きていた。

だが、大人たちが「放射能はこわい」などと言っていた記憶が、うっすらと残っている程度だ。

地元の中学、そして高校を卒業した一九九四年、いわき市の短大に進み、経営学を学んだ。翌年、高速増殖炉「もんじゅ」で二次冷却系ナトリウムの漏出事故が起きていたが、関心をもつこともなかった。

短大を終えると、茨城県土浦市の四年制大学に編入。卒業後は劇団に所属し、アルバイトをしながら一時は俳優をめざした。

学校給食の調理師をしながら女手一つで育ててくれた母・恭子《きょうこ》（七十四歳）の定年をきっかけに、二十九歳で双葉町に戻った。

しかし、地元で就ける仕事の多くが原発関連で、大沼には知識も経験もない。専攻した経営学を生かそうと、新事業を始めるための融資を銀行に申し込んでも、審査を通らなかった。東電関係者を相手に部屋を貸すアパートの企画を作成したら、すんなり融資がおりた。当時としては最先端の「オール電化」を目玉に、超人気物件となっていく。

## 原発が危ないから逃げろ

酒屋からガソリンスタンドまで、「原発さん」がお得意様だった郷里の福島県双葉町に、大沼勇治はUターンした。

東京電力関係者を相手に、原発を意識した賃貸アパート経営で才能を発揮し、成功を重ねた。

居間の蓄熱暖房や台所のＩＨクッキングヒーター……。最新式の「オール電化」が売りとなり、単身者から若い子育て世代に至るまでの「超人気物件」となった。

三十代半ばを迎えると、相馬市内の不動産会社に勤めつつ、実家が所有するこのアパートの経営者として、さらに腕を磨いた。

事業を拡大したい。

同じ「原発城下町」だった南隣の大熊町に、２ＬＤＫ戸建て賃貸住宅一二棟を増設する計画も立てた。

二〇一一年三月に入り、事業計画が金融機関に認められた。融資額は一億円を超える。月内には金融機関と協議する日程も控えていた。

矢先の三月十一日、震災が襲った。

妻・せりなは勤め先だった大熊町の自動車販売会社にいた。

「原発が危ないから逃げろ」

夕方までには、東電関係者からの情報が職場に届いていた。

しかし、県内でも原発から遠い会津地方で生まれ育ち、原発についての教育も、受けたことがない。

「危ないって言われても何が危ないのか」。ピンとこなかった。

大沼からも携帯メールが届くと、互いに連絡を取り合い、夜には双葉町の自宅近くで合流できた。自宅は足の踏み場もない。家具や食器が散乱し、断水でトイレも使えない。

双葉町など沿岸部の浜通り地区は津波で道路が寸断され、壊滅状態だった。しかし、原発の状況については正確な情報が全くなかった。

自宅から四キロと原発は近いし、何よりも、せりなは妊娠七カ月の身重だった。妻を案じた大沼は車で原発の北二〇キロ圏外の南相馬市をめざした。

その夜は道の駅の駐車場で車中泊。しかし、二人とも余震におびえ、眠れない。せりなは会社の制服のままだった。

翌朝にはコンビニで買ったおにぎりなども尽き、用を足そうにも道の駅のトイレは水が流れない。

二〜三日分の着替えだけでも、といったん双葉町の自宅に戻った。

## 会津若松の実家へ行きたい

二〇一一年三月十二日朝。

行き先も決められずに再び出発。JR双葉駅前で、警戒にあたるパトカーの警察官に注意された。

「何をしてる。早く避難しなさい」

大沼勇治と妻・せりなは、聞き返した。

「避難って、一体どこに?」

警察官からは、北西方向の川俣町の避難所への道を指示された。

あとで分かるのだが、放射性雲（プルーム）の流れた方角だった。

二人はそんなこともつゆ知らず、針路を川俣町に向けた。たちまち避難民の車の大渋滞に巻き込まれた。二時間ほどは我慢した。だが車列が全く進まないので、大沼の母・恭子（七四）が入院していた病院のある北方の南相馬市に、再び行き先を変えた。

病院で恭子に面会した。

経営しているアパートも自宅も外壁などは壊れておらず、大きな被害はなかったことを説明した。ただ、自宅の中は家具が倒れて散乱し、「片付けないと、すぐには住めない」とだけ伝えた。詳細は話さなかった。

病弱な母に、これ以上心配はかけたくなかった。

さらに北上し、大沼が勤める不動産会社のある相馬市に入った。

午後三時三十六分、福島第一原発一号機が水素爆発。車内のナビに映ったテレビニュースで映像を見た。

「しばらく帰れないかも……」

覚悟した。泊まる場所を確保するため、ホテルや旅館に手当たり次第に電話した。が、空きがなかったり、経営者が逃げて居なかったり。その夜も、今度は相馬市内の道の駅で「野宿」した。

ガソリンが少なくなっていた。食料や水も入手できない。トイレは糞《くそ》だらけで水が流れない。

どうしたらいいのか。分からないままに、十三日も日が暮れた。

深夜、助手席の妻・せりなが、いつになく強い口調で訴えた。

「会津若松の実家へ行きたい」

大沼は、このときもまだ、「明日は出勤しよう」と考えていた。

隣に身重の妻がいるのに、こんな事態になっても、なぜ相馬を離れようとしないのか、自問した。

「俺はバカじゃないか」

社長宅のポストに手紙を入れた。「しばらくお休みさせて下さい」

傷んだ道路を避ける迂回路《うかい》を通り、百キロ以上離れた会津若松市内をめざした。

十四日午前六時、妻の実家にたどり着いた。

すぐに、二人とも眠りこけた。

## 自分たちは難民になったのだ

二〇一一年三月十四日。

東京電力福島第一原発一号機の爆発を受け、福島県双葉町の大沼勇治は妻・せりなを連れ、会津若松市の妻の実家に身を寄せた。

南相馬市の病院に入院中だった母・恭子の避難先も確認でき、ひと安心した。

この日午前十一時一分、三号機が水素爆発。翌十五日午前六時十四分、今度は四号機が水素爆発。放射能って何なのか、よく分からなかった。勉強してこなかったことを悔いた。

十五日午後、会津若松市内の会津大学で被曝《ひばく》検査の申請をした。

検査待ちの長い行列が伸びている。浜通り地区からの避難民は、被曝検査を受けないと、旅館、ホテルにも泊まれないと言われていた。

放射能のことで心配している妻の両親も安心させたい。

待つしかない。

二人に検査の順番が回ってきたのは翌十六日の未明。幸い、二人とも基準値を超える汚染はなかった。

二十日、会津に来て初めてガソリンスタンド前の車列に並んだ。二〇〇〇円分だけ給油することができた。三カ月後に臨月を迎える妻には、どこか福島から遠く離れた安全な場所で出産してもらいたい。

そう考えた大沼は二十一日もとりあえず、同じように車列に並んだ。前日より増えたものの、給油は三千円分までだった。

愛知県刈谷市の親戚に県営住宅の申し込みを頼んだ。二十四日、愛知県内で二人を受け入れられる二カ所が見つかり、産婦人科の大きな病院がある安城市に決めた。

会津若松市内の服飾量販店で、妻の妊婦服のほか、最低限の着替えや自分の服を購入した。

地震に津波に原発事故……。自宅を出るとき、預金通帳も持ち出せなかった。

二十六日、取引銀行の会津若松支店で通帳を再発行してもらった。

この二週間余りで、体重は七キロ減っていた。

二十八日、妻の実家を出発し、愛知県に向かう。途中、双葉町が役場ごと避難していたさいたま市のさいたまスーパーアリーナに立ち寄り、被災証明書を受け取った。

一時避難所に指定されたアリーナは、避難してきた双葉町民約一二〇〇人であふれかえっていた。通路まで段ボールで仕切られ、毛布にくるまって横になっている人もいた。

自分たちは「難民」になったのだ――大沼はそう感じた。

## 生まれる命、守り抜く

大沼勇治・せりな夫妻は、二〇一一年三月末、愛知県安城市の県営住宅に引っ越し、ゼロからの新生活を始めた。

部屋には何もない。

市の福祉センターに行くと、日赤からの布団と毛布のセットをもらえた。食器や家電製品の多くは支援物資の世話になった。親戚にもらった見舞金で最初に買ったのはテレビ。原発の情報が欲しかった。大沼は毎日毎日、テレビのニュースを食い入るように見た。故郷の原発に関する情報は混乱していた。

ある朝、画面に「原子力　明るい未来のエネルギー」の看板が大きく現れた。自分が考案し、誇りだったはずの標語が「災いの象徴」であるかのように扱われていた。戸惑いと恥ずかしさが入り交じった複雑な思い……。アナウンサーが何をしゃべっているのか、どんなニュースだったのか、ほとんど頭に入ってこなかった。

四月上旬、せりなは安城更生病院でエコー検査を受けた。おなかの赤ちゃんは順調に育っていた。

会津から安城までの長距離移動が、妊娠七カ月の母体にどんな悪影響を与えるか分からない――。親族の多くが移住に反対していただけに、二人は本当にほっとした。

しかし、妻・せりなにとっては友人も親戚もいない知らない土地。初めての出産と子育てが、果たしてできるのか。不安で仕方がなかった。

気晴らしに、二人で近所を散策した。岡崎城に行くと、桜が咲いていた。震災後、ゆっくりと花を眺めるのも、これが初めてだった。

故郷・双葉町の惨状、「野宿」を重ねた逃避行、放射能検査の日々、避難所の廊下で毛布にくるまる人々……。見てきた光景が頭の中でぐるぐる回る。目の前の満開の桜を見ていると、とても同じ国の出来事とは思えなかった。

四月十四日、「福島からの避難者」ということで、大沼は生まれて初めて新聞記者の取材を受けた。記事は翌十五日付の地元紙・中日新聞の社会面に掲載された。

原発事故で避難指示区域となり、地震による崩壊後、５年近くも放置された家屋＝双葉町。

「生まれる命　守り抜く」「夫婦　車で五〇〇キロ愛知へ」の大きな見出し。自分たちの決意と心情に寄り添ってくれた温かい記事だった。ありがたい、と思った。

翌日すぐに、市役所から電話があった。

「記事を見た市民から、ベビーベッドとベビーカーを預かっています」

## いたたまれない後ろめたさ

二〇一一年六月二十日正午前、愛知県安城市の安城更生病院。

大沼せりなは無事、長男を出産した。夫の勇治は傍らでビデオカメラを回していた。

「元気な男の子ですよ」。看護師が、せ

りなの胸に長男を抱かせた。

「ありがとう、ありがとう……。これでお母さんにも話せる」

涙をあふれさせながら、せりなの口をついて出た最初の言葉だった。

会津若松市のせりなの母・小坂仁子《こさかじんこ》（七十歳）は、遠く愛知県に避難して出産することに一番反対し、一番心配してくれていた。最後まで「会津で産めばいい」と言い続けた。

授かった命には、二人で考え、「勇誠《ゆうせい》」と名づけた。

「どんなことがあっても生きる『勇』気を持って、『誠』実で、人から愛される子に育ってほしい」

## 初の一時帰宅

七月二十六日。

双葉町から案内を受けた勇治は、東京電力福島第一原発事故の後、初めての「一時帰宅」に参加した。といっても防護服に身を固め、わずか二時間の「立ち寄り」だけ。この日、町内の空間放射線量は、高いところで毎時二六マイクロシーベルト以上あった。

集合場所の原発四〇キロ圏外の福島県三春町の旅館まで、安城市から車で約十時間。旅館に前泊した。

一時帰宅し、自宅前に立つ大沼さん。「故郷を離れても自分は双葉町民だ」との信念を大書してベランダに掲げている。

自宅から持ち帰れる物は、表面放射線量を測定して、基準値以下の手荷物だけに限られた。

「原子力　明るい未来のエネルギー」の標語考案者としてもらった賞状、祖父母の位牌《いはい》、結婚指輪、アルバム。それらをかばんに押し込むと、残り時間すべてを自宅内のビデオ撮影に費やした。

もう二度と戻れないかも……。

荒れ果てた故郷と自宅を見て、そんな思いが募ってきたからだ。

原発二〇キロ圏内の警戒区域を出るときは、身体汚染を調べるスクリーニングがある。それにパスするや、三春町に置いた車に飛び乗り、安城市の県営住宅まで飛ばした。

一時帰宅の途中でダチョウに遭遇した大沼さん＝2011年。

午後十一時近く、せりなは生後一カ月の勇誠を抱いて待っていた。

「自宅はどうだった?」

勇治はうまく言葉を返せない。

逃避行から四カ月余り。真夏を迎え、室内にはハエが飛び回っていた。冷蔵庫を開けると、マスクをしていても臭気で吐き気がした。

自宅近くの原発PR看板をくぐるときに感じた「いたたまれない後ろめたさ」も、妻に語れなかった。

## 世界一、間違った標語

東京電力福島第一原発で事故が起きて四カ月余り――二〇一一年七月二十六日、福島県双葉町。

初めての一時帰宅を果たした大沼勇治は、荒

街中を群れをなして歩き回る、野生化した肉牛たち。

れ果てた自宅を目の当たりにしてぼうぜんとした。

しかし、それ以上に驚いたのは、周辺の環境の変化だった。

どこが空き地で、どこが畑だったか――思い出せないほど、雑草が生い茂っている。

牧場や畜産農家から逃げた黒毛和牛や乳牛が数頭ずつ、街角のあちこちで草を食《は》み、途上の富岡町ではダチョウが道を走っていた。

「ここはサファリパークか」

故郷の町は高濃度の放射能に汚染されていた。とはいえ、この頃はまだ、少なからぬ町民が「ひょっとしたら一～二年で帰ってこられるかも」と淡い期待を抱いていた。

大沼も、そんな一人だった。

一方で、一時帰宅の機会はできる限り利用した。

「いつまた原発が再爆発するかわからない。今度の一時帰宅を逃したら、次はないかも……」

との不安をぬぐえなかったからだ。

一時帰宅はやがて、国が用意したバスによるものだけでなく、申請すればマイカーでも入域できるようになった。

大沼の一時帰宅は、五年で六十回を超えた。

帰るたびに、自宅近くの原発推進PR看板が嫌でも目に入る。

自分が小学生のときにつくったスローガン「原子力　明るい未来のエネルギー」。

大沼は、今はこう言う。

「世界一、間違った標語」

特に長男・勇誠（四歳）が生まれてからは、その思いがますます強くなるばかりだった。

避難先の愛知県安城市の県営住宅では、支援のボランティアたちが、大沼一家の生活を、さまざまな面から支えてくれていた。

そんな日々の中、大沼は県営住宅をそっと抜けだし、安城市内のインターネットカフェに入り浸っていることがよくあった。

カフェに通うのは、避難先のネット環境がいま一つだったということもある。で、パソコン画面に向かい、何をしていたか？

妻・せりなには、何となく想像がついた。

帰宅すると大沼は、いつも無口で、考え込むことが多かったからだ。

## ネットの中傷

「原発マネーでいい思いしてたんだろ？　自業自得だ」「今まで散々、うまい汁吸ってたくせに」

インターネットでこんなものを見ていたんだ。大沼せりなは、氷のような言葉の刃に身体が震えた。

夫の勇治が席を離れたとき、居間に置かれたパソコンの画面をそっとのぞいてしまったのだ。

福島県双葉町から避難して八カ月たった二〇一一年十二月、同じ愛知県安城市内で県営住宅から、ネット環境のいい、近くの借り上げマンションに一家は引っ越していた。

パソコンの前で、勇治の表情が曇っていくことがよくあった。

地元の人たちの多くは、自分たち一家を温かく支えてくれている。一方で、ネット上では避難者への中傷が飛び交い始めていた。できたばかりの近所の「ママ友」からも、せりなはそれとなく聞いていていた。

けれど、当時一歳にもならない長男・勇誠の育児や家事に忙しく、そんなことを気に留めている余裕はなかった。

「原子力　明るい未来のエネルギー」。双葉町の入り口に掲げられた標語と、その考案者である勇治がメディアに取り上げられる機会が増えるにつれ、標語への揶揄《やゆ》や夫への中傷もネット上で広がっていった。

いたたまれなくなった勇治は、よく一人で外出した。

「俺が事故を起こしたのか。故郷がたまたま原発の町だった。懸命に生きてきたのに、まるで公開処刑だ」

そう思いながら、不機嫌になって帰ってきたのだ。

夫婦で話し合ったこともある。

「会津生まれのおまえは、故郷をなくしたことがないから、わからないんだ」と勇治は言った。

懸命に理解しようとしてきた夫からそう言われ、せりなの目から涙があふれた。ふだんは優しい夫なのに、口論だけで終わらず、物を投げつけたこともある。

結婚前、会津若松市と双葉町の中間の郡山市で初めてデートしたときのことが頭を巡った。勇治はどこでランチを食べるかも、ネットで調べてくれていた。きちょうめんで気が回る人だった。

生まれ育った町のメインストリートには、原子力をたたえる自分の標語が掲げられている

――。自己紹介でも、そう雄弁に語りかける人だった。

会津出身のせりなには、原子力で町が豊かになって、というのがピンと来なかった。でも、こう思った。

「誇りをもって、自分を熱く語れる人っていいな」

## 加害者とは思えない東電の姿勢

愛知県安城市に避難した大沼勇治・せりな夫妻。

二〇一一年六月の長男・勇誠の誕生や年末の転居の合間の九月に、東電による避難者からの賠償請求受け付けが本格的に始まった。

が、東電側との交渉の中で、二人の怒りや不満は募るばかりだった。

事故直後、着のみ着のままで逃げてきたのは明らかだ。

なのに東電は、逃避中に購入した物品の代金一つ一つに領収書の提出を求めた。

避難先で買った家財道具については「(福島県双葉町に)何度も一時帰宅しているのになぜ持ち出さなかったのか」などとも尋ねてきた。

限られた滞在時間、放射線量による持ち帰り品の制限や優先順位――。そんなことさえ、東電の賠償担当者には分からないのか。それともわざと? 疑心暗鬼になる。

「加害者とは思えない東電の姿勢」に、いら立ちの日々が続いた。

一方でこの頃、大沼は「このまま賠償だけに頼って生きていくわけにはいかない」と職探しを始める。

「いつまでも県営住宅に住み続けられるわけではない」

新たな住み家探しにも乗り出していた。

だが、いずれもうまくいかない。

近所の人たちは親切で優しいし、かかり付けの病院もスーパーも、近所にはある。けれど、安城市では働きたい仕事がなかなか見つからない。

名古屋に出ようか。妻も、子育てが一段落したら、美容関係の仕事がしたいと言う。

勇誠が夜泣きをする。隣近所に気兼ねなく子育てできる一戸建てに住みたい……。月日だけがいたずらに過ぎていく中で、悩み続けた。

この漠とした不安は一体何なのか。一から人生設計の立て直しを迫られているのだが、原発事故で奪われた故郷の町との「決別」ができていないのだ。

町にはいつ帰れるのか。もう帰れないのか。それが分からないからか。いや、それだけではない。

小学生のときに作った原発PR標語「原子力　明るい未来のエネルギー」。故郷のあの看板との「落とし前」が、ついていないのだ。

大沼は気づき始めていた。

看板がメディアで取り上げられるたびに、それまでの自分の人生が全て否定されたような気持ちになっていった。

## 「原子力　破滅を招くエネルギー」

避難先の愛知県安城市、県営住宅から転居したばかりの借り上げ住宅の一室。

福島県双葉町の大沼勇治は二〇一一年十二月三十一日、東京電力に出す大量の賠償請求書類や町からの避難状況アンケートと格闘していた。

どれも読むだけで憂鬱《ゆううつ》になった。

年明けには請求に関する東電の説明会や町の懇親会がある――そんな「お知らせ」もあった。

しかし、開催場所は福島市内であったり、埼玉県や茨城県内であったり……。東海地区にいる自分にとっては、どこも遠い所ばかりだ。

出席するかどうか、迷う。もっと遠くに避難した人たちは、さらに孤立感を感じていることだろう。

「避難ストレスで家族内での不和、夫婦げんか、家庭内暴力が増えた」。町からのアンケートには、そうしたチェック項目もあった。

自分たちはまだ幸せな方かもしれないな。六カ月だった長男・勇誠（四歳）に授乳しながら、眠りこけてしまった妻・せりなの横顔を見て、大沼はそう思った。

紅白歌合戦も見ず、年賀状も出さない初めての大みそか——静かな夜は更けていった。


年が明け、憂鬱はさらに深まる。

十二歳のときに学校の宿題で提出し、表彰された標語「原子力　明るい未来のエネルギー」——故郷の町の原発PR看板に「落とし前をつけなきゃ」と強く思うようになった。

一種のトラウマになっていた。

原発事故の避難生活でうつになる人、自殺に追い込まれた人……この頃には、そんなニュースも次々と伝わってきた。大沼にとっても、ひとごとではなかった。

震災と原発事故から一年経った二〇一二年三月十一日。愛知県豊橋市に向かった。妻・せりなとともに、長男・勇誠をベビーカーに乗せ、中部電力浜岡原発の廃炉を求める集会とデモに参加した。

「本当のことを言おう」「勇誠のためにもきちんと声をあげよう」

初めてだが、決意はできていた。

五〇〇人以上の聴衆を前に、「双葉町からの避難者」として紹介され、司会者からマイク

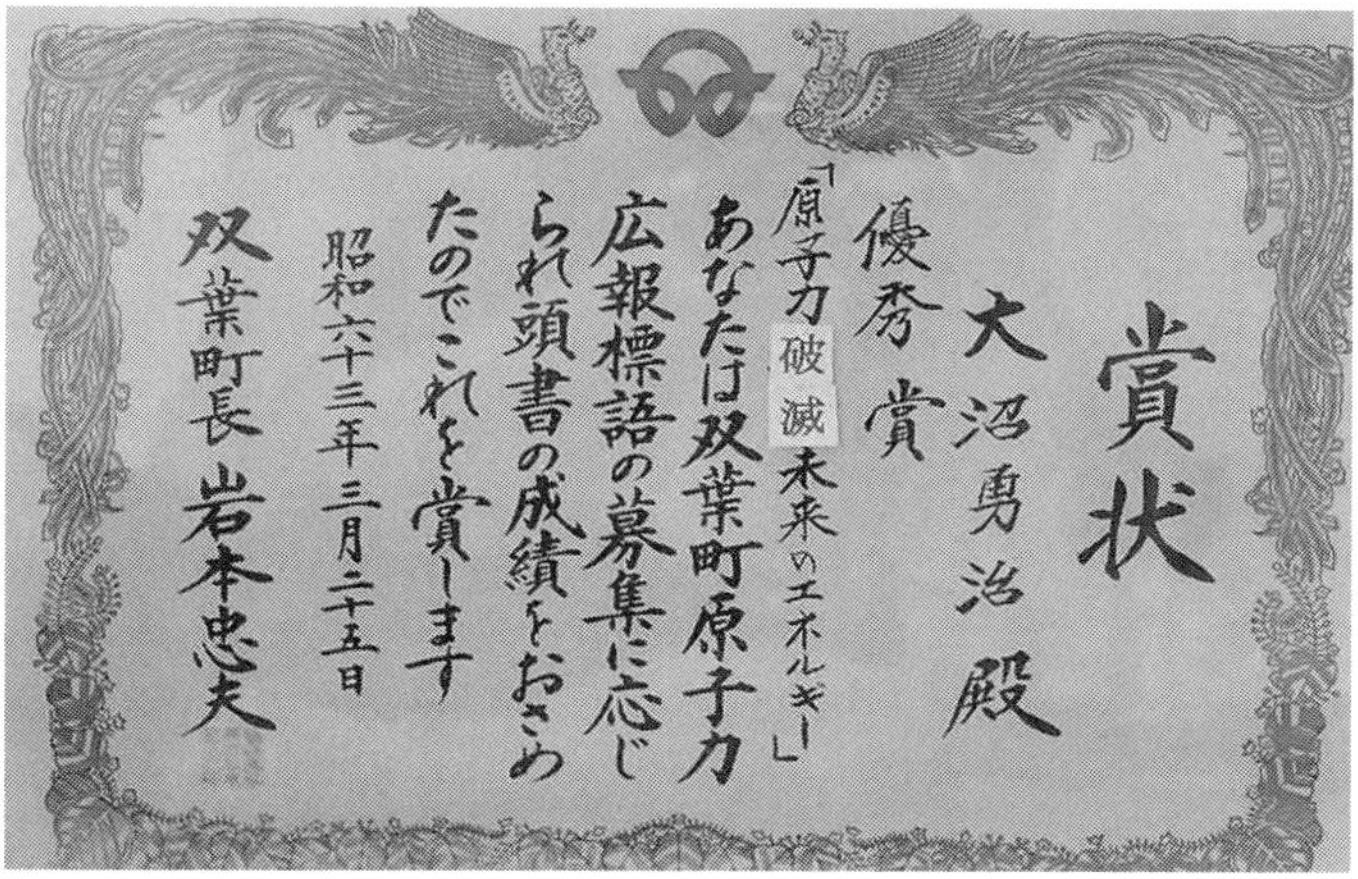
賞状
大沼勇治殿
優秀賞
「原子力 破滅 未来のエネルギー」
あなたは双葉町原子力
広報標語の募集に応じ
られ頭書の成績をおさめ
たのでこれを賞します
昭和六十三年三月二十五日
双葉町長 岩本忠夫

「26年目の訂正」は賞状にも。

を渡された。

「あの標語の考案者の大沼勇治です。今は『原子力　破滅を招くエネルギー』です」

「破滅」という言葉が、自然に口をついて出た。

ようやく吹っ切れたように感じた。傍らで妻・せりなも、そう確信していた。

大沼の発言は翌日、地元紙などで大きく取り上げられた。

## 二十六年目の訂正

二〇一二年七月十一日。

大沼勇治は、ある決意のもと、避難先の愛知県安城市でホームセンターに行き、画用紙や油性ペンなどを買った。

帰宅してすぐに工作を始めた。

「原子力　明るい未来のエネルギー」。自ら考えた原発推進標語は、あの原発事故以降、その意味を百八十度変え、「偽りの象徴」として「呪い」のように自分に襲いかかっていた。

十二歳の小学生だったとはいえ、当時の大人たちが作った安全神話に、いとも簡単に洗脳されてしまった自分が許せない。恥ずかしい。

事故後の一年四カ月、その「恥」を隠そうとして逃げ回ってきたような気がする。しかし、隠すのにも、逃げるのにも、もう疲れた。

「自分の過去とは、きちんと向き合うしかない」「自分の考えた標語だ。自分にしか直せない」

ならば直そう。

自分なりに出した結論だった。

新たなスローガン「原子力　破滅　未来のエネルギー」。考えてきた訂正の標語だ。

横一メートルの画用紙に、「破滅」の二文字を油性ペンでていねいに描いた。中央に放射能マークも入れた。

七月十五日。大沼にとっては「過去の自分と決別する儀式」を決行する日がやって来た。

「偽りの国策宣伝に子どもを利用した大人たち」――そんな許せない大人たちに、反撃の

看板の前で破滅という文字を掲げる大沼さん。

メッセージを発信する日でもあった。

前泊した福島県いわき市内のホテルで、待ち合わせた東京新聞の記者と合流し、故郷・双葉町の「原子力広報塔」に向かった。

看板の下に立ち、スポーツ用品店で買ってきたサッカー審判用のレッドカードを「原子力」の文字板の方に突きつけ、「退場」と叫んだ。

そして、「明るい」の三文字が「破滅」の言葉で隠れるように、用意したボードを高々と上げた。

妻のせりなと記者が、次々とカメラのシャッターを切った。

「NO（ノー）」「NUKES（ニュークス）」のボード二枚も、せりなと並んで掲げた。

夫の脱原発行動に、このとき初めて積極

的に参加した、せりなは言う。

「ちょっと恥ずかしかったけど、彼を見ていて、ほんとうのことを伝えなきゃという思いの方が勝《まさ》った」

帰宅後、二十四年前にもらった賞状も、押し入れから出して訂正した。標語の「明るい」の三文字の上に、パソコンで打ち出した「破滅」の二文字を貼り付けた。

## 過ちは訂正しなければ

「原子力　明るい未来のエネルギー」から「原子力　破滅　未来のエネルギー」へと、標語が考案者自らの手で書き換えられた――。

その行動は、二〇一二年七月十八日付の東京新聞に「二十六年目の訂正」として大きく報じられ、瞬く間にインターネットで拡散された。

様々なメディアがこのニュースを追いかけた。

標語を考案した大沼勇治にはマスコミの取材のほか、脱原発集会への参加要請、講演依頼などが殺到し始めた。

ネット上では相変わらず、大沼本人やその行動への揶揄《やゆ》や中傷は続いていた。

が、大沼自身にとっての何よりの変化は、そんなことに動じなくなっていたことだった。

官邸前での反原発行動に家族で参加した大沼さん。

大沼も当初は、苦しんでいた。生まれたばかりの長男・勇誠がこれから成長する過程で、原発PRに利用されてきた父親の姿を、息子にどう伝えればいいのか……。

真実を伝えるしかない。そのためには、まず過ちは訂正しなければ。こう考えての行動だった。

それがやがて、新聞やテレビの取材に応じていく中で次第に、むしろ社会に向けて発言することが自分の使命のように思えてきた。

毎月のように、福島県双葉町の自宅への一時帰宅は続けていた。

片道五百キロ余を十時間以上かけて、原発四キロ圏内に通う。

疲労困憊《こんぱい》になったうえに余計な放射線を浴び、何年後か何十年後かには、がんで死ぬかもしれない。

どうせ同じいらだちと無力感にさいなまれるのなら、悔いのないように言うべきことを言っていこう。そう確信するようになっていた。

同じ年の十月五日。東京・首相官邸前の金曜デモに初めて参加した。

マイクが回ってきた。

「二十五年前、町の中心街にある原発推進標語を考えた大沼勇治です」

「脱原発を行動で示そうと思い、参加しました。双葉町にはいまだに帰れません。明日、一時帰宅して、ゴーストタウンになった、誰もいない街を記録してきます……」

大きな拍手を送られた。

奪われた日常の中の小さなことの大切さ、避難生活で自分や家族が感じた矛盾、いらだち、苦悩……。それら思いのたけを語ることこそが求められているのだ、と実感した。

大沼は「『核災』が引き起こす故郷喪失と人間の破壊」を発信する語り部になっていく。

## もう帰れないね

東京電力福島第一原発で事故が起きて一年半余り。

首相官邸前の金曜デモでのスピーチが契機となり、避難中の大沼勇治はようやく前向きに、家族の移住先探しや自らの将来設計に取り組めるようになってきた。

二〇一二年十月末、妻・せりなに第二子の生命が芽生えていることも分かった。

この年は、大沼の母・恭子（七十四歳）が脳腫瘍《しゅよう》の手術などで入退院や転院を繰り返した。予後を診てくれる専門病院のある茨城県古河市で、一家が移住するのに手頃で気に入った土地も見つけることができた。

母の家と、一年後には四人家族になっているはずの大沼一家が住める家を、ともに戸建てで同じ敷地内に建てると決めた。貯金や賠償金で二百七十平方メートルの土地を購入し、まず母の家から建て始めた。

古河市を移住先に決めた理由は、他にもある。

まだ土地探しをしていた五月十六日のことだ。たまたま立ち寄った古河市役所のモニタリングポストが空間線量「毎時〇・〇五二マイクロシーベルト」を表示していた。

同じ時期、大沼の自宅に近い福島県双葉町の体育館前での県の計測値は毎時五・七マイクロシーベルト前後で、一〇〇倍以上だった。

「子どもたちを連れては、もう帰れないね」

夫婦でそう話し合った。事実上の帰郷断念だった。

しかし、自ら考案した標語「原子力　明るい未来のエネルギー」の看板でいかに苦しもうとも、大沼自身にとって双葉町は、自分を育んでくれた故郷には違いない。

自宅近くを前田川が流れる。

モロコやハヤを、悪ガキたちと競い合うように網ですくった。

近くの宿舎に住む「東電のおじさん」たちからは、ウナギやコイの釣り方を教わった。

看板の傍らに植えられたセンダンは「町の木」で、毎年初夏には薄紫のみごとな花を咲かせた。その根元の雑草の青臭い匂いですら、いまは懐かしい。

自ら礼賛した原発が、そんな地を放射能で汚しまくり、自らの心も汚され、ずたずたにされてしまった。だからこそ、これまでの過去を克服するような「仕事」をしたい。

この年の秋頃から大沼は、新たな勉強を始めた。震災前のアパート経営で培ったノウハウ

太陽光パネルの雪下ろしをする大沼夫妻。

を生かし、まずは個人経営で太陽光発電所を作れないか。そう考えたのだ。

## なぜ撤去

もはや、故郷・福島県双葉町への早期帰還は難しいだろう。

そう見越した大沼勇治・せりな夫妻の新居は、二〇一三年六月、茨城県古河市郊外に購入した住宅地で着工した。

請負業者には、太陽光パネルも手がける専門工務店を選んだ。

東京電力福島第一原発事故で再生可能エネルギーの再評価が進んでいた。太陽光で作られた電気の全量買い取りを大手電力会社に義務づけた「固定価格買い取り制度」が、一気に進展した時期でもあった。

自営の太陽光発電所の経営は十分に成り立つ。工務店に相談し、そう踏んだ大沼は九月、茨城県石岡市郊外の傾斜地九二三平方メートルを二八〇万円で購入した。

これを手始めとして二〇一五年二月までに、同じ県内では常陸太田市、隣の栃木県でも那須烏山市、さくら市の計五カ所で用地を確保する。

自宅分も入れて太陽光パネル一三〇二枚を整備した。年間総発電量は二一万九〇〇〇キロワット時で、一般家庭約六〇世帯分をまかなえる量だ。

太陽光パネルの購入代金七八五〇万円は、ローンを組んだ。大沼の愛称からとって「太陽光発電所ユーティー」と名付け、二〇一四年五月から順次、稼働を始めた。

ローンを返しながらも、月一〇万〜二〇万円程度の安定した収入が得られるようになった。

そんな矢先の二〇一五年三月九日。

自分が考えた標語の看板を掲げる「原子力広報塔」の撤去費用四一〇万円が双葉町の新年度予算案に盛り込まれ、定例町議会で審議されると、大沼は伝えられた。

「いったいなぜ?」

寝耳に水だった。新聞記者からの取材で知った大沼は、ぼうぜん自失した。どう考えても理解できなかった。

この看板を題材に、自分が様々な「脱原発行動」をしていることは、町長の伊沢史朗も町当局も報道などで知っていたはずだ。

どんな気持ちで看板を見つめ続け、苦しんでいるかも、分かっているはずだ。

少なくとも大沼自身は、そう思っていた。

「当事者に何の相談も通告もなく、いきなりこの時期に撤去を決めたんですよ」

大沼は、怒りを隠さない。ただ、それよりも「不可解」という気持ちでいっぱいだった。

抱いた疑問は解消されるどころか、膨らむばかりだった。

## 修繕を求める要望書

「原子力　明るい未来のエネルギー」などの標語を掲げた町内の「原子力広報塔」二基は撤去する——福島県双葉町が方針を正式に決めたのは、東京電力福島第一原発で事故が起きて丸四年になる二〇一五年三月のことだった。

標語考案者の大沼勇治はそのとき、避難先の茨城県古河市で個人経営の太陽光発電所の仕事に専念し、全くの「蚊帳の外」だった。

町側が当時、記者らに説明した撤去の理由——つまり、大沼が後に報道で知った理由は、
(1)設置から二十五年近く経ち、老朽化して部品が劣化。落下して人や車に当たる危険がある
(2)現場周辺は帰還困難区域で放射線量が高く、補修が困難——などだ。
しかし、大沼は、これらの理由すべてに疑問をもった。

「町には公共の建造物を含め、落ちかけた陸橋、道路側に崩れた家々、ブロック塀など、もっと危険性の高いものがたくさんあるのに、なぜこの看板から撤去するのか」

「立ち入り禁止の帰還困難区域で通常は人も車も通らない。僕のような一時帰宅者はいるが、看板の下を通らねば帰宅できないわけではない。危険なら警告表示で迂回《うかい》させればいいが、部品が落ちる気配もない」

そう考えた大沼は「看板よりもはるかに危険なのが原発事故。後世に伝えるべき『負の遺産』として現場保存を」と訴え、撤去ではなく修繕を求める要望書をまとめた。

町役場に出向き、町長の伊沢史朗、町議会議長の佐々木清一《ささきせいいち》（六十七歳）に手渡すと、「相談したい」「検討したい」と応じてくれた。

しかし、その翌日の三月十七日には、撤去費用四一〇万円を盛り込んだ新年度予算案が、町議会で原案通り可決された。

その後も大沼は、伊沢や町幹部と公式・非公式に面会し、メールや電話のやり取りも続けながら、理解できない「撤去の真意」を尋ね、要請を繰り返した。

震災前でも人口七〇〇〇人余りの小さな町で、獣医師でもある伊沢とはペットのことで世話にもなっていたし、町職員の何人かとは顔見知りでもあった。

「知人の板金業者にも相談したが、撤去費用の予算額で補修工事ができる。現場保存の費用を自費で出してもいいし、私が買い取って個人宅で保管・展示してもいい」

様々な提案や打診も重ねたが、町側に受け入れる気配はなかった。

## 署名集め

「原子力　明るい未来のエネルギー」。こうしたスローガンを掲げた「原子力広報塔」は永久に現場保存し、後世の教訓にすべきだ――。

標語考案者の大沼勇治は、自らの提案が地元の福島県双葉町議会で、事実上退けられると、その翌日の二〇一五年三月十八日から、直ちに撤去反対の署名集めに奔走した。

町民の避難先の県内の仮設住宅から、埼玉県内や東京都内まで、賛同してくれそうな人がいると聞くや駆けつけた。

今も全町民の避難が続く双葉町。避難民の中には「それどころではない」「ああいうものは早く撤去した方がいい」と、署名を拒む人も一〇人に一人ぐらいはいた。

一方、県外の脱原発集会などでは、協力してくれる人々が次々と現れた。

署名の呼びかけはインターネット上でも拡散された。

締め切りと定めた五月末までの二カ月余で、現在の町の人口を超える六五〇二人分が集まった。

「世界遺産として登録申請すべきだ」との意見もあった。

六月八日、大沼は福島県いわき市に避難している町の仮庁舎を訪れ、町長の伊沢史朗に署名簿を手渡した。

二十二日には、締め切りが済んでから送られてきた四〇〇人分を追加で提出した。

署名に協力した人たちの中には、元首相の菅直人《かんなおと》（六十九歳）、元県知事の佐藤栄佐久《さとうえいさく》（七十六歳）、女優の木内《きうち》みどり（六十五歳）、ルポライターの鎌田慧《かまたさとし》（七十七歳）、ピアニストの崔善愛《チェソンエ》（五十六歳）らもいた。

そんな中に、大沼がずっと探してきた四人の標語考案者の一人、八十九歳になっていた武内義男《たけうちよしお》がいた。大沼以外では、唯一の生存者だった。

双葉町の中心街に立つ広報塔二基には、看板の裏と表に計四種類の標語が掲げられていた。三十年近く前の町の公募で、武内の標語「原子力　郷土の発展　豊かな未来」は「最優秀賞」に選ばれ、町役場前の広報塔に使われていた。

つてを頼り、宇都宮市に避難していた武内にようやく連絡がついたのは、署名提出の五日前。

耳が遠い武内に代わって電話に出た妻の敏子《としこ》（八十五歳）に、大沼は趣旨を説明し、署名への協力を求めた。

「原発にだまされた」

翌日、訪ねてきた大沼にそう語り、武内は署名を快諾した。

双葉町役場前の別のスローガンも撤去された。

その話を聞いた私は、武内の避難先に向かった。

## 望郷の　いよよ遙かに　いわし雲

「このような避難者の身になってなお、原発が必要と言う人はいるだろうか」

二〇一五年六月八日。福島県双葉町から宇都宮市郊外に避難していた武内義男は、訪れた私に語った。

「原発推進の看板はきちんと残して今後の反省材料にすべきだ」

二十八年前、町の原発ＰＲ標語の公募に応募した。

町が「最優秀賞」に選んだのが武内の作った「原子力　郷土の発展　豊かな未来」。当時の町長・岩本忠夫から表彰され、町役場前の「原子力広報塔」に掲げられた。

入賞した四つの標語のうち、「優秀賞」だった大沼勇治の「原子力　明るい未来のエネルギー」は、町のメインストリート入り口の広報塔に掲げられた。町民は商店街の買い物などで日々、この看板の下をくぐりながら生活してきた。

同様に、町役場を訪れる人の多くは、メインゲートの武内の標語を目にしつつ、庁舎内に入った。

町内二基の広報塔は、「原発の町」の象徴的存在だった。

看板撤去反対署名をする武内さん。

だからこそ、東京電力福島第一原発事故の前まで、町民にとっては「あって当たり前。ふだんは気にもとめない、空気みたいな存在だったのではないか」と大沼は言う。

原発事故後、武内もまた、大沼と同じように苦しんでいた。避難先の戸建て住宅の小さな庭を見ながら、思い出していたのは、双葉町の自宅周辺の街並みや生まれ故郷のいわき市四倉の海岸だった。

標語に応募した当時、郵便局員を早期退職していた武内は、町のダンス教室に通い、ギターを弾くなど、悠々自適の生き方をしていた。

標語は妻の敏子と数日間、知恵を絞って考え出したという。

「あのころは町中が原発さまさまだったからね」

そんな武内には、ふと思い出す、気になることがあった。

表彰式後、取材を受けた朝日新聞記者から「未来はほんとうに明るく、豊かなのだろうか?」と問われたという。

「今となっては、あの記者が正しかったんだ」

十月下旬になって風邪をこじらせ、肺炎を併発した武内は、数日後の三十一日夜、八十九歳で永眠した。

「俺の人生は最後が一番悪かった」

「十一月には故郷に帰りたいね」と言い残して。

望郷の　いよよ遥《はる》かに　いわし雲
武内の思いを代弁した親族の句が仏壇に掲げられていた。

## 「何やってんだ　東電は」

福島県双葉町に掲げられていた原発推進の標語は四つのうち、最もよく知られたのが「原子力　明るい未来のエネルギー」だった。小学六年生でこれを作った大沼勇治以外の標語考案者三人は、今や全員が他界している。

二十八年前、大沼らを表彰したのが当時の町長・岩本忠夫だった。

東京電力福島第一原発の事故発生四カ月後の二〇一一年七月、避難先の福島市内の病院で病気療養中、岩本も八十二歳で亡くなった。

町の酒屋の二代目だった岩本は、地域の青年団活動から労働組合運動、農民運動にも関わる中で日本社会党に入った。一九七二年八月に結成された双葉地方原発反対同盟の委員長を務めた。

一九六三年から町議、一九七一年から県議をそれぞれ一期ずつ務め、原発の危険性を訴え、批判を展開した。

だが、一九七五年、七九年、八三年と県議選で続けて落選。この頃から岩本は、反原発の旗印を降ろし、一九八四年には社会党からも離れた。

一九八五年に町長に初当選すると、五期二十年の間、原発推進・誘致策を強力に進め、「原発と共存する町づくり」をめざした。

かつて反原発運動をともに担った人々からは、今も「転向者」「裏切り者」と批判されることが多い。

しかし、岩本自身が晩年、その原発に裏切られて故郷を追われ、その故郷を再び見ることなく逝った。原発について、そして故郷・双葉町について、岩本は何か言葉を遺《のこ》していなかったのだろうか。

最期をみとった長男で町議会副議長の岩本久人《いわもとひさと》（五十八歳）は、避難先の福島市内で私の問いかけに、こう明かした。

「透析患者だった父は避難生活の中で急速に衰え、最後は精神的にもまいっていた。入院中のひと月余り、ほとんど会話もできなかった。何か言いたかっただろうし、話してもほしかったのですが……」

それでも、いくつか久人の心に思い浮かぶことはある。

震災翌日の二〇一一年三月十二日、原発が危険だということで避難指示範囲は半径二〇キロ圏に拡大され、一家は双葉町から北の南相馬市原町区の小学校体育館に避難した。ステージの端に置かれたテレビがちょうど、一号機の水素爆発の映像を映し出した。

「何やってんだ、東電」

久人の耳元に、いつになく激しい、父の怒声が響いた。

## 後世に残していくのも我々の役割

「父は若い頃から、ただただ地域のためによかれと思うことを、全身全霊でやってきた」

東京電力福島第一原発事故が起きた後の二〇一一年夏に八十二歳で他界した父の「信念」を、福島県双葉町議の岩本久人はそう代弁する。

「原発に反対したのも地域のためなら、推進も地域のため。原発は、できてしまえば地域が潤ったのも事実です。それなら徹底して地域のために安全を求めていくしかなかった」

第一原発の五、六号機のある双葉町で、父・忠夫は町長を五期二十年務め、二〇〇五年に引退した。

在任中には「原発マネー」で大型公共施設を次々と建設した。
七、八号機の増設も求めた。
岩本は避難生活の中でその父を亡くした。震災前は七千人近くいた全町民が今も、避難生活を送る。

「もし今、父が生きていたら、どう言うだろうか。要するに原発は、国の地方に対するアメとムチだったんです」

「原子力　明るい未来のエネルギー」など四つの標語を看板に掲げた「原子力広報塔」二基について、町が突然、町議会に撤去の提案をしてきた二〇一六年三月。岩本は議場で質問に立っている。

町長の伊沢史朗に「修繕する考えはないのか」と質《ただ》す。

標語の考案者として、亡き父に表彰された避難中の大沼勇治の思いが、岩本の胸中にはあった。修繕を否定されると、「過去から学ぶものと、未来に伝えていかねばならないものがあるのではないか」と、長い演説を始めた。

議事録から要旨を再現する。

「町は原発と共存共栄を図ってきた。看板はまさしく町と原発を推進してきた我々の象徴（シンボル）だ。公募で選んだ、当時の小学生の気持ちを考えると、いろいろな思いがある。

簡単に撤去ではなく、もっとていねいに町民に伝えるべきだった」

「事故が起き、東電も国も責任を取ろうとしていないが、推進してきた我々の責任と義務というものがある。事故は決して風化させてはいけない。我々自らあの看板を撤去するということは、事故から逃げているのでないか、とさえ感じられる」

最後に問うた。

「やはり後世に残していくのも、我々の本当の役割ではないか」

伊沢は「撤去したものを処分してしまうのではない。保管も含めて、議会と相談させていただきたい」と応じた。

## そんなケチな人じゃあない

「あの人はね、そんなケチな人じゃあない。絶対に違うよ」

東京電力福島第一原発の城下町だった福島県双葉町で、「反原発の闘士」から「原発推進派の町長」になった今は亡き岩本忠夫について、かつての同志・石丸小四郎《いしまるこしろう》（七十三歳）は、私にそう断言した。

「娘さんが東電社員と結婚してから、原発推進側にまわったんだと言う人がいますが……」

そんな疑念を言下に否定した。

一緒に反原発・労働運動をしていた頃の岩本忠夫・元双葉町長（中央右）と石丸小四朗さん。

避難先のいわき市の借り上げマンションの一室――石丸はさらに、四十年以上にわたる「東電に対する闘いの困難さ」を語ってくれた。

一九七二年夏、石丸は双葉地方原発反対同盟の結成に参加した。信頼する岩本の言葉に突き動かされた。

「石丸君、核と人間は共存できないんだよ」

その後、岩本が運動を去ったあとも、石丸は一貫して反原発を貫き、今も反対同盟の代表を務める。

秋田県大仙市の特定郵便局長の四男に生まれた。県立大曲農業高校を卒業後、当時の郵政省に入った。

地方の郵便局員になろうと、仙台の研修所にいた二十歳の春、福島県富岡町の富岡郵便局の電話交換手として同じ研修を受けていた美智代と出会い、すぐに惹《ひ》かれた。

「婿養子」の形で富岡町に来たのは二十一歳の初夏。最初の任地はバスで三十分の双葉郵便局だった。福島の浜通り地区には、妻以外に知人はいない。

寂しさを感じる中、窓口や電報・電話の業務に専念した。

上司には、のちに「原子力　郷土の発展　豊かな未来」の標語で、ときの町長の岩本から表彰される武内義男がいた。

「武内さんは俺と違って、能力があり、出世しそうな人だったな」

石丸は遠くからそう見ていたという。

そんな石丸だから、岩本と初めて会ったときのことは、決して忘れられない。

岩本は当時、社会党の地域の責任者。双葉郵便局に機関紙やチラシを大量に持参しては郵送していた。

「あんたの言葉は秋田の方かね」

窓口で対応した石丸のなまりに敏感に反応し、気さくに声をかけてくれた。浜通りの言葉とのあまりの違いに対する戸惑いが、石丸を引っ込み思案にもさせていた。

「今度、うちに遊びに来ないか」

誘われた石丸は、岩本の導きで地域の労働運動から反原発運動へと、のめり込んでいく。

## よほどの理由があったんです

福島県双葉町で、双葉郵便局員だった石丸小四郎は一九六四年の初夏、のちに町長となる今は亡き岩本忠夫と出会った。

隣り合う双葉、大熊の二町にまたがる地区に原発を建設する計画を東京電力が発表し、用地買収が本格化していた頃でもあった。

岩本は石丸らとともに地域の労働運動や青年運動をまとめ、一九七二年には双葉地方原発反対同盟を結成。

反原発運動を発展させていった。

といっても保守的な地方で反原発派は常に「絶対的少数派」だった。

石丸の回想によれば、一期務めたあとの県議選に落選し続けた岩本が、社会党を離党する一九八四年の少し前のころのことだったろうか。

当時、双葉町の北にあたる浪江町と南相馬市小高区にまたがる地区では、東北電力の「浪江・小高原発」建設計画も進んでいた。

岩本、石丸らはここでも、「一坪運動」で抵抗を続けた。反対派の地主から予定地の山林を少しずつ贈与され、用地買収を阻止していた。

そんな中、石丸は岩本から、ある決断をひそかに伝えられた。「一坪地主を抜ける」というのだ。岩本の自宅でだった、と記憶している。

石丸は二〇一二年末に脳梗塞《こうそく》を患って以来、細かな日付や場所を思い出せなくなっている。しかし、そのときの岩本の苦渋だけは、今もよく理解しているつもりだ。

既にそのとき、岩本は原発反対派のリーダーとして、様々な「弾圧」を受けていた。一九七一年からの県議時代には、福島第一原発で働く作業員からの情報をもとに、疑惑も含めた「爆弾質問」で「東電の事故隠し」を追及した。

「議会では報復のように調査特別委員会が作られた。質問の情報源が追及され、事実無根の質問で県民に不安を与えたなどと非難された。世間の大勢がそうでした」

反原発の闘士の孤立感と世論の逆風を、石丸は思い出す。二期目をめざす一九七五年の県議選では、岩本の経営する酒店への嫌がらせや尾行なども、しつこく繰り返された。

「何十年も反対運動を続けてきた人がやめると言うには、よほどの理由があったんです。それなりに考え悩んだ上での決断だから、止められないのは分かっていた」

ショックだったが、何も尋ねられず、沈黙するしかなかった。

同時に「一坪地主だけでなく、反対同盟も社会党も去るのだな、とピンときた」と石丸は言う。

## 原発は人間をバラバラにしてしまう

原発城下町の福島県双葉町を象徴するスローガン「原子力　明るい未来のエネルギー」。その考案者である大沼勇治を表彰した岩本忠夫が社会党を離れたのは、町長になる前の一九

反原発デモの先頭に立っていた岩本忠夫・元双葉町長（中央）。

八四年のことだった。

離党の前には双葉地方原発反対同盟の委員長を辞し、「浪江・小高原発」建設計画に反対する一坪地主も返上する。そのことは、同志の石丸小四郎にはひそかに伝えた。

ただ、全ての政治活動から手を引くとは、石丸は受け止めなかった。

「これで終わるような人じゃない。何かやるとは思っていた」

八五年。公共工事費の不正支出問題で当時の現職が辞職したあとの町長選に、岩本が名乗りを上げた。

保守層の厚い町だが、有権者は現職の後継候補よりも、元社会党とはいえ「人情家でクリーンなイメージ」の岩本を選んだ——。

ここまでは石丸も「想定内」だった。が、五期二十年の長期町政の中で原発推進策を次々と打ち出し、東京電力に原発増設まで求めた姿には、石丸も驚き、失望を深めた。

「想定外というよりも、まさかそこまで……」と。

一方で石丸は、長いインタビューを受ける間も、今は亡き同志を一度たりとも、「転向者」「裏切り者」などと呼ぶことはなかった。

「ただ、町のため、地域のためと言っても、要は財政問題だった。いったん原発という『麻薬』に手を出すと、一時は何十億円という原発マネーで潤っても、数年で次の原発が欲しくなる。薬物中毒と同じなんです」

石丸は、岩本もまた、原発政策の犠牲者の一人だったと見ているのだろうか。

「彼も苦しんだと思います。原発事故に怒りも示しているし、事故後にできた脱原発首長会議には理解も示している」

「様々なしがらみの中で、彼は選択せざるを得なかった。それが原発の恐ろしさ。人間をバラバラに破壊してしまう。これは放射能と同じくらい恐ろしい」

が、岩本の「選択」も「転向」も一政治家の個人の問題ではない。

町は教育現場も動員し、子どもたちにプロパガンダを作らせ、何人もの「大沼勇治」を生み出した。そのことで、彼らは今も「心の傷」を抱えているのではないか。私の問いに石丸は答えた。

「その通りです。東電にとっては利用価値のある政治家だったでしょう。だからこそ、徹底的に利用し尽くしたわけです」

## 神隠しされた街

「原子力　明るい未来のエネルギー」から「原子力　破滅　未来のエネルギー」へ――。福島県双葉町の大沼勇治は、自らが考案した原発PR看板の標語を「訂正」する運動を始めて以来、原発事故をときに「核災」と呼ぶようになっていた。

南相馬市の詩人・若松丈太郎《わかまつじょうたろう》（八十歳）の詩にふれ、詩人がこだわりを持つ言葉を意識するようになった。

日本の為政者は戦後一貫して、原発を核エネルギーの「平和利用」だとし、「核」兵器とは別物であるかのような欺瞞《ぎまん》を振りまいた――。

そう考える詩人は「核災」という呼称で欺瞞を撃とうとしていた。

一編の詩がある。「神隠しされた街」と題されている。

旧ソ連・チェルノブイリ原発から四キロ圏のプリピャチ市。若松が二十二年前、現地を訪れて書いた。

《ツバメが飛んでいる……ハエがおちつきなく動いている……それなのに／人声のしない

都市……幼稚園のホールに投げ捨てられた玩具／台所のこんろにかけられたシチュー鍋／オフィスの机上のひろげたままの書類……私たちの神隠しはきょうかもしれない／うしろで子どもの声がした気がする／ふりむいてもだれもいない……広場にひとり立ちつくす》

「東京電力福島第一原発事故を予言した詩」と言う人もいる。原発四キロ圏といえば、大沼の自宅もそうだ。

事故一年目の夏、台所の冷蔵庫の上を飛び回っていたハエは、もはや死に絶え、代替わりしていよう。

荒れ果てた故郷の街にもツバメは飛んでくる。が、異常な白い斑点があると報告する生物学者もいる。

ひろげたままのメニュー、小皿の上で黒く固まった醤油《しょうゆ》、倒れた椅子……。家族でよく行った国道沿いの回転ずし屋では、今も五年前のまま「固まった店内」が、窓越しにはっきり見える。

慌てて飛び出した客も、揺れが収まったら戻るつもりだったのだろう。

若松が描いた光景は、確かに大沼が一時帰宅のたびに見て、感じている、双葉町の姿そのものだ。

震えを感じた。

福島の浜通り地区で長年、高校の国語教師をしてきた若松は、双葉町を通るたびに、大沼

詩人・若松丈太郎氏（右）と大沼さん。

考案の原発推進標語を見つめてきた。

が、詩人の眼《め》は「３・11」以前から、決して豊かではない町の姿を見抜いていた。

「使途限定の交付金や東電関連の寄付金で建てた公共施設の維持費が膨らみ、原発爆発より前に町の財政が爆発・破綻していたのです」

## 僕の標語の書き換えと同じですね

二〇一六年二月二十四日。

福島県双葉町の原発ＰＲ標語「原子力明るい未来のエネルギー」の考案者・大沼勇治は、南相馬市に住む元高校国語教師・若松丈太郎を訪ねた。

原発事故を予言する詩で警鐘を鳴らした詩人に、やっと会えたのだ。

大沼が標語を作ったのは小学六年生のとき。そう聞いた若松は、自らの子ども時代を語り出した。

「当時、小学校は国民学校といい、物心ついた頃からずっと戦争でした。あの頃も『撃ちてし止《や》まむ』『欲しがりません。勝つまでは』などたくさんの標語があった」

敗戦は、今の岩手県奥州市にあった国民学校四年生のとき、十歳の夏だった。「鬼畜米英」を叫んだ同じ教師が、急に「平和」「民主主義」を説きだした。価値観が百八十度転換し、大人を信用できなくなった。

若松にとって、敗戦よりもはるかに衝撃だったのは、その年の秋の「教科書の墨塗り」だ。教師の言うままに教科書を開き、「神ノ国」などの表記や戦意高揚に関する部分を墨で塗りつぶすよう指示された。

大沼がうなずく。

「僕の標語の書き換えと同じですね」

しかし、若松が問題にしたかったのは、その後の「人間としての生き方」だった。

当時も「そんなにコロッと変わっていいのか。納得できなかった」という若松だが、敗戦時に墨塗りを命じた先輩教師たちがその後、教頭や校長に昇任していく中で再び国策に迎合していく「再転向」の姿を、嫌と言うほど見せつけられた。

福島の教育現場で展開された「原子力＝安全」教育も、思えば国策の一環だった。うそを

強制収容所の入り口＝福島県白河市のアウシュヴィッツ平和博物館提供。

教えた「墨塗り教師」にならない生き方を自らに課した。自分で考え、自分の意見を持つことを教え、生涯一教師を貫いた。

そんな若松の眼《め》には、かつて訪ねたポーランド南部のオシフィエンチム（アウシュビッツ）強制収容所跡の入り口に掛かる看板「ＡＲＢＥＩＴ《アルバイト》　ＭＡＣＨＴ《マハト》　ＦＲＥＩ《フライ》」（働けば自由になる）と双葉町の看板が、重なって映る。

「いまや双葉町は人の住めない街になって『豊かな未来』も『豊かな暮らし』もない。どちらの看板も偽りで欺瞞《ぎまん》だが、教育現場を利用して子どもにプロパガンダを作らせたことは、さらに罪深いのではないか」

別れ際、若松は大沼に伝えた。

「少数派であることを恐れなくていいんだよ」

## 町民は関心も興味もあまりないんです

二〇一五年春、福島県双葉町の「原子力広報塔」二基の撤去方針は、突然のように決まり、何としても同年度中にと、町は工事を急いだかのようにも見える。なぜなのか——。

撤去工事が中断していた二〇一六年一月二十六日、町役場の避難先であるいわき市の仮庁舎に、町長の伊沢史朗を、私は訪ねた。

「原子力　明るい未来のエネルギー」——。広報塔に掲げられていたこの標語を小学生のときに作った大沼勇治は、「『負の遺産』として現場保存を」と町に求めていた。

「その思いは我々も理解しているし、伝わっている」

伊沢はそう強調した。

一方、方針を打ち出した当初は単純に「老朽化して危険」という発想しかなかった、と主張する。ただ、大沼の要望を受けて、二〇一五年三月議会で通った撤去費四一〇万円に加え、半年後の九月議会では移動・保存費一三〇万円を町予算に追加補正した。

「復元可能な撤去のための予算組み替え」との位置づけだ。

そのうえで、大沼の集めた現場保存を求める六九〇二人の署名についての考えを語った。

「見させていただいたが、町内（に住民票のある）在住者は五〇人ぐらい。多い少ないということよりも、町民はどう思っているのか、何人かの人にうかがってみた」

「迷っていないで早く撤去しろとの意見も少数あったが、多くは反応がない。これだけ報道されても、賛否の電話さえないんです。議員も保存を考えている人は少数です」

だから、伊沢はこう推測する。

「町民は看板そのものに関心も興味も、あまりないんです。避難生活で余裕がないのかもしれませんが……」

そんな中、「後世に残すべきものかもしれないと思ったからこそ、精いっぱいの配慮をした」と言い、さらに伊沢は「ただ……」と続けた。

「落下の恐れがある以上、現場保存はあり得ない。落下して町民がけがでもしたら……」

三月四日。前年末から一時中断していた撤去工事は、二カ月半ぶりにようやく再開された。一月初旬までに終える予定だったが、工法や工期の再協議、広報塔の運搬に使う大型作業車の投入など、新たな段取りに手間取った。

前年末の工事開始の日と同じように、大沼は現場に駆けつけた。

## 町は再び過ちを重ねるのでは

原発推進の標語を掲げてきた「原子力広報塔」の撤去工事が再開された日、標語考案者の大沼勇治は再び、妻・せりなとともに双葉町の現場で作業を見守った。

「原子力　明るい未来のエネルギー」などの文字板が外された後の鉄板は長さ一六メートル。クレーンでつり上げられ、大型トレーラーで町役場駐車場の保管場所に移された。

看板を支えていた高さ四・五メートルの鉄柱二本も根元から焼き切られ、同じ場所に運ばれた。

「町の空気みたいな存在だった」と大沼が言う原発PR看板が、これで完全に街並みから消えた。

再開された工事は、一日で終わった。メインストリートからは何の妨げもなく、三月の青空が見渡せた。

「ほんとうになんにもなくなった。まるで違う風景になっちゃったね」

夫とともに何度も現地を訪れていたせりながつぶやいた。

原発と共存してきた町の「負の遺産」として、大沼はあくまで「現場保存」を求めてきた。

「残念というか、落胆というか。怒りと屈辱と寂しさが全部入り交じっています」

複雑な心中を吐露した。

看板の標語は、日常の風景の中でこそ、意味をもっていた。その風景から切り離された。

今後たとえ博物館のようなところで展示されたとしても、その意味は全く違ったものになってしまうのではないか――。

そんな危惧を抱いていたが、すぐに言葉にすることはできなかった。

報道陣から問われ、こう答えた。

「間違った過去を現場から消してしまうことで、町は再び過ちを重ねるのではないか。今後は早急に復元、展示してほしい」

傍らでは、フォトジャーナリストの森住卓《もりずみたかし》がファインダー越しに大沼の表情を見つめていた。原発事故直後、大沼考案の標語看板の下で彷徨《さまよ》う犬の姿を撮った。その一枚は大沼の生き方を一変させた。

「僕の写真が彼をそこまで苦しめていたとは知らなかった……」

沖縄・辺野古で取材中だった森住はニュースで撤去を知り、大沼に「会いに行く日」を懸命に調整した。

南相馬市内で前日、大沼と落ち合い、一晩語り合い、大沼の一時帰宅の車で現場に入ったのだった。車が看板の保管先となる双葉町役場前まで来たとき、森住は突然、五年前のある出来事を思い出した。

「僕らは一号機爆発の翌日、ここで自転車に乗ったおじいさんにヨウ素剤をあげたんです」

## むごい現実であろうとも

森住卓は二〇一一年三月十三日朝、双葉町役場前にいた。広河隆一《ひろかわりゅういち》（七十二歳）や豊田直巳《とよだなおみ》（五十九歳）らフリーランスの写真・映像ジャーナリスト仲間ら五人と一緒だった。

郡山市内の宿舎から出発する未明、チェルノブイリ原発事故取材の長い広河らが用意してきたヨウ素剤を全員で服用。空間線量を測りながら、前日に一号機が爆発した東京電力福島第一原発に迫ろうとしていた。

しかし町内に入ってすぐ、森住の測定器が毎時二〇マイクロシーベルト超で振り切れた。役場に行って事実を知らせ、残っている住民にも避難を呼びかけよう、ということになった。

そこへ自転車に乗ったおじいさんが通りかかる。自宅が心配で、北西約四〇キロ先の川俣町の避難所から一時的に帰ってきたと言う。

「線量が高いので避難した方がいい」と説得し、ヨウ素剤を渡すと、それを飲み、戻っていった。

当時の一部始終を記録した映像がインターネットにあげられていた。双葉町の原発ＰＲ標語「原子力　明るい未来のエネルギー」の考案者・大沼勇治は、その映像を見て驚いた。改めて森住と一緒に見た。

「このおじいさんは、僕の母方の祖父のいとこです」。その後は避難先の埼玉県加須《かぞ》市で、再び故郷を見ることなく亡くなった。八十四歳だった。

「親族を助けていただき、ありがとうございました」。

文字板が外された看板の撤去直前に、森住卓さん（左）と記念撮影する大沼さん。

礼を言われた森住も、奇遇と因縁に驚いた。

原発事故直後、森住たちが双葉町に向かっていたとき、対向車線は町から出る避難者の車であふれていた。大手メディアの記者らも原発の連続爆発の中、森住たちと逆行するように三〇キロ圏内から撤退していく。

人の住めなくなったその町を「ゴーストタウン」などと表現したとき、「被災者が傷つくから」と修正を求められた経験が、森住には幾度もある。が、森住は一貫して拒否してきた。

原発事故後の一連の体験の中で大沼は、そんなフリージャーナリストたちを改めて尊敬するようになった。

「リスクを引き受け、身体《からだ》を張って事実を

伝えてくれる人がいなければ、僕らはいつも蚊帳の外。いかにむごい現実であろうとも、僕らは真実と向き合うことでしか闘えないし、乗り越えていけないいんですから」

## その後……

二〇一六年秋に入り、看板展示に向けて少し明るい兆しが出てきた。

十月二十四日、大沼に町から電話があり、民俗学者の赤坂憲雄氏が館長を務める福島県立博物館から「展示も視野に入れた保管」の申し出があり、町は壊れた車庫の二階に毛布にくるんで保管していた看板の文字パネル（アクリル製文字板）を除染して放射能を落としたうえで、「劣化を防ぐために温度・湿度も調整できる保管庫」に移したというのだ。

当事者の大沼にとっては、町からの連絡が事後承諾になったこと、文字板の土台となる一六メートルの鉄板や四・五メートルの支柱は依然、町の車庫に放置されていることに不満や不信は残るものの、展示に向けて一歩前進には違いない。

# 第3章　妻よ……

在りし日の渡辺はま子さん、初孫と。

五十八歳の妻が、我が身を焼いてまで拒んだものは何だったのか。求めたものは何だったのか――うつ状態の中で自宅に戻り、慣れ親しんだ花で飾った我が庭で焼身自殺した、福島県川俣町の渡辺はま子。夫・幹夫（六十四歳）は、それを考えると今も胸が苦しくなる。

一番近くにいた自分が、なぜ、それを分かってやれなかったのか……。悔やんでも悔やみきれない。原発が奪った故郷とは……。

## 謝罪して欲しい

「妻の自殺の原因は、原発事故にあった」

東京電力福島第一原発事故から三年半になろうとする二〇一四年八月二十六日、福島地裁はそう判決を下し、被告・東電には、原告の渡辺幹夫らに約四九〇〇万円を支払うよう命じた。幹夫は涙が止まらなかった。

「東京電力は判決を真摯に受け止め、謝罪してほしい」

賠償請求の大部分が認められた「全面勝訴」の判決の後、幹夫は福島地裁の建物を出たところで記者団に取り囲まれ、訥々とそう話した。

たとえ賠償認容額が少ししかなかったとしても、因果関係さえ認められれば勝訴宣言を

判決の日、妻の遺影を掲げて福島地裁に入る渡辺幹夫さん。左が広田次男弁護士。

するつもりだった弁護団にとっても、「大いに評価できる判決」だった。が、幹夫にとってはカネのことなど、どうでもよかった。もともと、「人の命をカネで値踏みするような東電の態度」への怒りから起こした訴訟だった。

「東電は因果関係を認めて謝罪してほしい」。近くの福島市民会館に移って開いた記者会見でも、幹夫は何度となく繰り返した。

弁護団代表の広田次男弁護士（六十九歳）の声もまた、勝訴判決にもかかわらず、怒りに震えていた。

「故郷を奪い、生業を奪い、家族をバラバラにし、東電は取り返しのつかないことをしてしまった。それにふさわしい責任は、どうとられるべきかを問うた裁判。決してどこかの大臣が言っているような、金目を問うた裁判ではない。それなのに、東電はソロバン勘定でしか対応してこなかった」。

依頼者と弁護士。立場は違えど、二人の脳裏に同じ光景が浮かぶ。

二〇一一年十二月二日午前十時すぎ。福島県いわき市の広田の事務所に、初めて幹夫が訪ねて来た。曇り空の寒い日だった。

生涯のほとんどを農夫、出稼ぎ労働者、養鶏場の作業員として働いてきた幹夫が、冠婚葬祭の時ぐらいしか腕を通さないスーツに身を固め、川俣町議の菅野清一（六十三歳）に連れられてやってきた。

広田は、菅野が知っている「唯一頼れる社会派の弁護士」だった。十年前、町の産業廃棄物処分場から垂れ流される汚染水問題で相談にのってもらっていた。

幹夫と菅野は小中学校の同級生だった。自殺という形で妻に先立たれ、何カ月も途方にくれたままの幹夫を見るに忍びなく、菅野は「いい弁護士先生を知ってっから、会ってみんべ」と連れてきたのだった。

川俣町山木屋の山村で、原発事故からの避難を苦にした農家の主婦が焼身自殺した——という衝撃的なニュースは、広田も耳にはしていた。

# 花咲く山里

「あのまんまの人。口べたで正直者そのもの」

広田の幹夫に対する第一印象はその後もずっと変わらなかった。

幹夫は、福島県川俣町山木屋三道平《やまきやみどうだいら》の農家に、六人きょうだいの長男として生まれた。阿武隈山地の奥深く、一二軒の農家が点在する小さな集落だ。生家では米と葉タバコ、野菜を育て、肉牛を飼っていた。山木屋小学校、山木屋中学校を卒業し、父がそうしたように、家業を継ぐのは自然だった。

二歳下の妻はま子も、同じ村の生まれ。妹の同級生だったから、互いによく知った幼なじみだ。

中学卒業後は青年団活動や村の盆踊り、田植えなどの共同作業の中で交際を深め、幹夫が二十三歳のときに結婚した。

二人とも山木屋小学校の修学旅行で宮城県の松島に行き、中学の修学旅行では東京へ。国会見学をして東京タワーに上ったぐらいで、結婚前は村の外に出て観光旅行などをしたことなど、ほとんどなかった。だから、新婚旅行先も知っている松島を選んだ。

二男一女に恵まれ、子どもたちは皆、地元の高校を卒業した。

長女は東京に出て就職、結婚。長男、次男も会社勤めでいったん実家を離れたりしたが、「一人暮らしはカネがかかるから」と三道平に戻ってきて、数年前からは四人暮らしになっていた。

幹夫は行政区長として地域のまとめ役をしながら、近くの工場や養鶏場で働いてきた。三道平には上水道こそないが、井戸水も沢水も豊富で、春は山菜、秋はキノコ、自家製の米と野菜、それに鶏肉があれば、わざわざ車で半時間の町中のスーパーに出かけて、食材を買うことなどほとんどなかった。

花好きのはま子は庭に花壇を作り、春から秋まで花が絶えることはなかった。六月になると、家の横を流れる沢から大きなホタルが上がってきて、庭を乱舞した。夫妻には、生まれ育った三道平を離れる理由など、どこにもなかった。

二〇〇〇年、夫妻は農協から二五〇〇万円を借り入れてローンを組み、七部屋以上もある大きな家を新築した。応接間にはカラオケセットを置き、集落の人たちは区長宅に集まっては花見会、芋煮会、忘年会、カラオケ大会などを開き、はま子が手料理でもてなした。盆や正月には孫も遊びに来てくれる「終のすみか」になるはずの家だった。しっかりとした造りで、大震災の揺れにも大きな被害はなかった。

東京電力福島第一原発から四〇キロメートル。山奥のこの集落に、放射能被害が降り注ぐ

地震ではびくともしなかったのに続く原発事故で避難せざるをえなくなった渡辺幹夫さん宅＝福島県川俣町山木屋。

とは、誰も思いもよらなかった。

## 計画的避難区域に

あの日——二〇一一年三月十一日。築十一年の渡辺宅に大きな被害はなかった。近くの養鶏場で働いていた渡辺幹夫・はま子夫妻も、会社勤めの息子たち二人も、その日のうちに帰宅し、散乱した家財の後片付けなどをした。それから三日間停電が続き、山木屋の多くの人々には、東日本全体に及んだ被害の深刻さは届いていなかった。

福島第一原発は十二日午後には一号機の原子炉建屋が、十四日には三号機が爆発。山木屋地区の一部でも毎時一〇マイクロシーベルト超の高い放射線量が観測されたが、孤立した山村で暮らす幹夫らには知る由もなかった。

十五日未明、ようやく電気が復旧、テレビを付けていた幹夫らは「四号機爆発」のニュースに驚いた。「三つ目の爆発」と聞いてさらに驚いた。区長の幹夫は集落の一二世帯に避難を呼びかけ、全員が避難したのを見届けてから、家中のガソリンを一台の乗用車に集め、家族四人の逃避行が始まった。

福島市内の親戚宅経由で会津方面の避難所をめざした。磐梯町の体育館で一週間を過ごしたころ、山木屋に戻っている住民もいる、と人づてに聞いたはま子が「帰りたい」と言い出した。放射能についての正確な知識がない幹夫は判断しかねたが、毎食冷たい握り飯二個にたくわん二きれやカップラーメンの食事、仕切りもなく毛布にくるまって寝る生活には限界を感じていた。

「着替えが足りない」「家のことが心配」というはま子の不安と不満に応え、三月二十日、一家は決断して山木屋に戻った。マスクをし、手袋をはめての生活だったが、はま子は「やっぱりうちはいいね」と繰り返した。

しかし、四月二十二日になって国は山木屋地区を「計画的避難区域」に指定。年間積算被曝線量が二〇ミリシーベルトを超えるおそれがあると、避難を呼びかけたのだ。山木屋地区の三道平の住民たちも町が用意した福島市内の温泉旅館などに次々と避難していった。次男（三十八歳）も勤務先の福島県二本松市内にアパートを借りて引っ越した。

渡辺幹夫・はま子さん夫妻は、阿武隈山地の大きな農家から、福島市内の小さな借り上げアパートに避難させられた。

夫妻は養鶏場の勤務を再開していたため、職場に近い避難先を探したがなかなか見つからず、六月になっても避難せずに三道平に残っていたのは、渡辺家の三人だけになった。

六月十二日、夫妻は知人に紹介された福島市内の三階建てアパートの一室に引っ越した。長男（四十一歳）もこれを機に、勤務先に近い郡山市内に転居、夫婦は避難先で二人きりになった。

## 家族がばらばらになっちゃって

「家族ばらばらになっちゃって。いつになったらまた会えんの？」

「東電からの仮払金、一〇〇万円でいつまで暮らせるかねえ」

「アパートなんて住んだことないから怖い」

阿武隈山地の山村の大きな農家から、福島市内のアパートの一室に引っ越す直前、はま子は、家族にそんな不安を立て続けに漏らした。

アパート暮らしが始まると、あんなに働き者で社交的で明るかったはま子が、みるみる無口になって食欲もなくなり、家に閉じこもる日が続いた。

たまに幹夫とスーパーに出掛けた時も、店内を一周しても買う物が決められずに空のカゴで戻ってきたり、気晴らしに外食に行っても注文する料理を決めることさえできなくなったりしていた。

「てきぱきと何でも自分から決めてきたはま子のそんな姿は見たことがなく、信じられなかった」と幹夫はふり返る。

逆に狭いアパートの中で「声が大きい。隣に聞こえる」と幹夫に神経質に注意した。川俣町山木屋の自宅は隣家まで、丘を下りて谷を越えて数百メートルは離れていた。

一〇〇〇万円以上も残っている家のローンのことも心配していた。「避難者だからってジロジロ見られる」「田舎者だから着ているものがおかしんだ」と気に病むようになった。

生まれ育った故郷を汚され、大切な家を失い、家族とは離れ離れになり、夫とともに働いてきた養鶏場勤務という生業や大好きな野菜作り・花作りも奪われ、知り合いもいない街の真ん中に放り出された――今から思えば、妻の心の状態をもっとわかってやるべきだった。

妻の自死後、悔やみ続けた幹夫だった。

六月下旬になって親族や同級生の葬儀が相次ぎ、外出を嫌がる妻を置いて幹夫が代表して式に出て、その後の会合で帰宅が深夜になる日が続いた。帰宅すると、はま子は泣きじゃくっていて、「どうしてもっと早く帰ってこなかったの」「いつになったら山木屋に帰れるの」と幹夫をなじった。

六月二十九日。幹夫は夕食を取りながら「あした一泊で山木屋に戻んないか。周りの草さ伸びでるし、草刈り目的で一泊してくっぺ」と一時帰宅を提案した。

はま子はうれしそうに「何時ごろ行くの」と聞いてきた。

妻の笑顔は久しぶりだった。

夫婦とも翌朝五時には目が覚めた。はま子が服装を気にしていたことを思い出した幹夫は、途中で洋服店に寄ることにした。

## やっぱり我が家はいいね

六月三十日朝。避難先の福島市内の借り上げアパートを出た渡辺幹夫・はま子夫妻は午前十時ごろ、川俣町の中心街に到着。数少ない洋品店「ファッションセンターしまむら」に入った。

「何買っていいか、わがんねえんだ。着るもの選んで」。はま子から今まで言われたこともないような言葉を聞いた幹夫は、「男が女物の衣類を見るのは格好がつかない」と戸惑い、「何でもいいから好きな物買ってこ」と言い残し、財布を渡して車に戻った。

しばらくしてはま子は、大きな紙袋を抱えて戻ってきたが、「あんたは面倒くさいから付き合わねえんだ」とすねた。幹夫が「何買ったんだ?」と尋ねても、はま子は「うーん」と言うだけで答えなかった。

はま子の死後、山木屋の自宅で手つかずの紙袋を見つけた長女の和加子(三六)は、母が全く同じ種類の、色違いのワンピースを六着も買っていたことを知り、驚いた。が、当時の幹夫には、そんなことは知る由もなかった。

町の中心部から、渡辺家のある山木屋三道平の集落まで、トンネルを二つくぐり抜け、上り坂の山道を三〇キロほど行かねばならない。

「田んぼがこんなになっちゃったんだ」。

人が去り、荒れ放題の水田の光景が続いたが、山木屋が近づくにつれ、はま子は冗舌になり、うきうきと弾んだ声になっていた。昼前に三道平の家に着くと、「私たちが建てたうちはびくともしないね」と喜んだ。

到着してからすぐに、幹夫は自宅周辺の草刈りを始めたが、はま子はくたびれた様子で、以前のようにてきぱきと掃除したりしている様子はなかった。

夕方になり、幹夫は故郷の山々が一望できる大きな窓辺のソファで夕食を取ろうと提案した。窓からは遠くに、同じ集落のはま子の実家も見える。幹夫はビール二本と焼酎のお湯割り二杯を飲み、はま子にも勧めたが、断られた。はま子は震災後、酒はほとんど口にしなくなっていた。

計画的避難区域での宿泊は本来、禁じられている。

「あす午前中には戻るかんな」。

幹夫は妻に伝えた。

「あしたじゃなくてもいいべ」「やっぱり我が家はいいね。せいせいすっぺ」。はま子は幹夫の言うことを聞いていないかのように会話はすれ違った。「あす朝起きて、草刈りやったら午前中には戻るっぺ」。幹夫が念を押すと、はま子からは意外な言葉が返ってきた。

「あんたひとりで戻ったら」

## 私はここに残る

「馬鹿なこと言うんでねえ」

避難区域の川俣町山木屋の家に残ると言い張る妻はま子に、幹夫はつい声を荒らげた。

「避難先のアパートには戻りたくない」

「あんた一人で戻ったら。私はここに残る」

そんな妻の言葉を冗談と思いたかったが、冗談を言っている様子はなく、戻る話をすればするほど、妻は落ち込む。幹夫は会話をやめた。

二人は午後九時ごろには就寝した。翌一日午前一時ごろ、幹夫は目覚めてトイレに行き、再び布団に戻ると、はま子が泣きじゃくりながら幹夫の腕をぎゅっとつかんで離さなかった。

「大丈夫だ」

幹夫はそう言って妻の手を握りながら、再び眠りに落ちた。

翌朝、幹夫が目覚めると、はま子はまだ眠っていた。幹夫はそっと起き出して午前五時ごろから、草刈り機の手入れをし、自宅裏手の土手から草刈りを始めた。

半時間ほどして、土手の向こうのごみ焼き場の方からボッと火柱が上がるのが見えた。

「はま子が古い布団でも燃やしてるんだべな」と思った幹夫は、そのまま草刈りを続けた。

草刈り機の騒音で物音が分かる状態ではなかった。

午前六時半ごろ、幹夫は草刈りを終えて自宅に戻り、シャワーを浴びてテレビをつけた。

午前七時が過ぎた。しかし、はま子がいつものように「ごはんだよ」と呼びに来ない。家の中を探し回ったがいない。外に出て「おーい」と呼びながら、ごみ焼き場の柳の木の下に向かった。

はま子さんの自死の現場に立つ幹夫さん。柳の木の下には夫婦で植えた小手毬の木。丘の上に夫婦で話し合って建てた家が見える。

眼前の光景に我が眼を疑った。

まだ煙が上がる中、二人で植えた小手毬の木の方に倒れるように、変わり果てた姿で、はま子が燃えていた。

言葉を失った。すぐに素手で火を消そうとし、やけどを負った。その後のことはよく覚えていない。

母屋に戻り、バケツに水をくんで戻ってきたら、火は消えていた。

消防署、警察署、子どもたちに次々に電話したようだ。

幹夫が草刈りをしている間に、はま子は物置にあった農機具用の混合油とガソリンを運び出し、自らかぶって仏壇の百円ライターで火を付けたらしい。遺書などなかった。

世話好きで明るくて、花と野菜を育てるのが生きがいで、農協の品評会で出品した大根が表彰されたのを自慢していたはま子……。そのはま子が、なぜ自らを焼き殺すほど、苦しまねばならなかったのか。

七月二日通夜、三日葬儀。おばあちゃん子だった初孫の樹里（十五歳）も神奈川県大和市から駆け付けた。

## すぐに帰宅するように

大和市で暮らす県立高校一年生の樹里は、二〇一一年三月十一日の東日本大震災以来、福島県で暮らす大好きなおばあちゃんとおじいちゃんが「大変なんだ」ということは、両親から聞いてはいた。

震災に次ぐ原発事故からの避難で会津の温泉に逃げたり、川俣町山木屋の実家に戻ったり、福島市のアパートに避難しなければならなかったり……。

そのたびに心配して、おばあちゃんと長電話している母の和加子（三十六歳）は、

「二人とも避難して無事。大丈夫だから」

と樹里に教えてくれていた。でも、樹里は、おばあちゃんとは震災以来、いつもみたいに電話で直接、話していない。

渡辺家の庭では、今も夏になると、はま子さんの植えたジャコウアオイ（ムスクマロウ・アップルブロッサム）が咲き乱れる。

「今年も夏休みには山木屋で会えっから」という母の言葉を信じ、がまんして夏休みを楽しみに待つことにした。

六月に入って福島市内のアパートに移ったはま子は、和加子との電話で、泣き出すことが多くなっていた。

「ここは都会だし、避難民だと、田舎者だと思われている。ごみの分別だってどうすんのが、わがんね」

「スーパーとか行って野菜とか買ったことがねえから、一回にどんくらい買えばいいかわがんね」

「養鶏場の仕事もなくなったし、家のローンをどうやって払っていけばいいのかわがんね」

六月二十日すぎ。

「夏休みは帰ってこなくていいぞ。和加はそっちで頑張れ」

はま子が和加子に電話でそう言ってきたのが、最後の会話になった。

山木屋の実家には帰れないんだから、避難先の狭いアパートでは仕方ない――和加子も樹里も、そう思うしかなかった。


六月三十日。樹里は、中学校での朝の授業が始まってまもなく、担任の教師から呼ばれ、「すぐに帰宅するように」と言われた。

「おばあちゃんたちに何かあったんだ」

ピンときた。胸騒ぎがした。徒歩で十分ほどの距離を走ったり、急ぎ足で歩いたりして帰ったが、もどかしかった。

玄関を開けると、そこに両親がいた。母は目を真っ赤にして泣いていたのが分かった。いきなり、「おばあちゃんの死」を知らされた。

とるものもとりあえず、新幹線で福島駅へ。バスを乗り継いで家族で山木屋に向かった。実家に着いたのは、遅い午後だった。

棺の上に、はま子の笑顔の写真があった。和加子も樹里も、悪夢を見ているようで信じられなかった。

ありし日の渡辺はま子さんと初孫の樹里さん。

## たべらっしぇ

「たべらっしぇ」

「ご飯をどうぞ」という意味で使われる山木屋の方言だ。はま子の孫、樹里は、「おばあちゃんのマネ」と言っては、食卓でよくこの言葉を使い、家族を笑わせていた。

はま子が自死した二〇一一年七月一日の夜。はま子の長女で樹里の母である和加子は、ひと晩中、棺のそばを離れなかった。

母の突然の死をどうしても受け入れることができなかった。それはおばあちゃん子の樹里とて同じだった。

盆と正月に帰る母の実家、山木屋は、都会育ちの樹里にとっては別世界だった。おばあちゃんと好きな花を植え、菜園のキュウリやトマトをもいでその場でかじり、「あじご飯」という炊き込みご飯の作り方を教えてもらった。

冬は雪深い山里で、おじいちゃんの作ったソリに乗って、おばあちゃんと一緒に遊んだ。はま子の葬儀で一週間、学校を休んだ樹里は、その後、神奈川県大和市の中学一年生の日常に戻っていった。

が、写真の中の笑顔の祖母が、「もうこの世にいない」ということはなかなか理解できず、「命」について、ひとり考えることが多くなっていた。


一年が経ち、学校の弁論大会に出場することになり、原発事故の避難指示区域に取り残されたペットや動物たちのことを取り上げた。「命の大切さ」と題するスピーチは、優秀賞を受賞した。

しかし二年が経ち、新聞やテレビで取り上げられる震災や原発事故のニュースはどんどん少なくなっていった。世の中からおばあちゃんたち被災者のことが忘れ去られていくような、いたたまれない気持ちになっていた。

中学三年生の秋の弁論大会で、樹里はおばあちゃんのことを取り上げることを決めた。

「私のおばあちゃんはまだ五十代で、朝から元気に草刈り、畑仕事、昼は会社（養鶏場）の仕事に出かけ、その他家事すべてを毎日一人でこなすというような明るく元気な人でした」

原発に妻を奪われた渡辺幹夫さんは、山木屋の家に戻るたびに、孫の樹里さんの弁論大会のＤＶＤを繰り返し見る。

そんな祖母が避難生活の中で地域の人たちとも離ればなれになり、話す人もいなくなり、病気になっていったことを訴えた。

「被害にあった人は『これからの人に、同じ思いをしてほしくない。こんな思いをするのは自分たちだけでもうたくさん』と思っている」

「私も祖母が亡くなってしまったことを、ただの悲しみと思わず、大震災の恐ろしさを身をもって教えてくれたのだと思うことにしました」

## 死んだ者への責任は取らないのか

原発事故で避難を強いられ、うつ病を発症した渡辺はま子。二〇一一年七月、故郷の川俣町山木屋に一時帰宅し、自死した。

孫の樹里は当時、神奈川県大和市の中学一年生。祖母を思えば思うほど、「心が苦しい」。そんな祖母への思い、そして、その死を言葉にして表すには、さらに二年の歳月が必要だった。

「3・11の悲劇を無駄にしないためにも、私たちひとり一人が、自分の身を守る対策を、改めて見直さなくてはならないのです」

そう訴えた樹里のスピーチ「忘れてはならない悲劇」は、二〇一三年十月の中学校の弁論大会で、再び「優秀賞」を受賞した。

はま子の夫、幹夫（六十四歳）は、孫から贈られた、その優勝スピーチのDVDを、山木屋の自宅に一時帰宅するたびに、ひとり静かに見る。はま子が樹里に、乗り移ったようにも感じてしまい、自然と涙があふれてくる。

突然のはま子の死後、幹夫はもんもんとして何も手につかない日々が続いた。避難先の福島市内のアパートには戻る気にはなれず、二〇一一年七月二十三日、川俣町内の農村広場にできた仮設住宅に、一人で引っ越した。はま子の位牌だけを持って……。

眠れない夜が続くと睡眠薬の力を借り、朝から酒を飲む日もあった。除染の日雇い労働にも出てみたが、気は晴れなかった。

避難指示の続く山木屋地区の一集落の区長も務めてきたので、同郷の人たちが相談に訪ねてくることもあったが、将来は見通せなかった。

八月になって東電から賠償請求の申請書類が届いた。はま子の分はなかった。九月になって開かれた説明会で、「死んだ者への責任は取らないのか」と、いつになく食い下がったが、

はま子さんの遺影の前で幹夫さんらに謝罪し、頭を下げる東電幹部ら（右側）。川俣町山木屋の渡辺家の仏壇の間で。

答えは得られなかった。

納得いかなかった。同年暮れ、弁護士の広田次男（六十九歳）と出会い、提訴を決意するが、遺族である子どもたちを原告にするかで悩んだ。

二人の息子と娘も提訴することには賛同し、最終的には原告に名を連ねることにも同意してくれた。

しかし、避難指示区域の山木屋の住民は、「東電からの賠償金で遊んで暮らせる」などという、地域外住民からの中傷にさらされていた。

二〇一二年五月、提訴が報道された。「母親が亡くなったのをいいことにカネ取りにかかってんじゃねえのか」。長男（四十歳）は勤務先で、そう言い放った上司の胸ぐらをつかみ、会社を辞めることになってしまった。

## 星降る山里で

原発事故で避難を強いられ、自死した渡辺はま子の霊前に、東京電力幹部がようやく焼香に来たのは、夫の幹夫ら遺族に約四九〇〇万円を支払えという原告全面勝訴判決が出た二週間後——はま子の死から三年二カ月が経った二〇一四年九月八日のことだった。

「本来ならば家族でお迎えするところだが、不都合があり、きょうはひとりで対応させていただきたい」

まだ避難指示が出ていた福島県川俣町山木屋を訪れた東電幹部に、幹夫はそう切り出した。東電に対する損害賠償請求訴訟の提訴直後、長男が勤め先の工場で同僚や上司から

「おまえは避難者だから遊んで暮らせるべ」

「母親が亡くなったことでカネ取りにかかってんじゃねえか」

などと言われたこと。それが元のトラブルで会社を辞め、再就職が大変だったこと。今の勤務先にようやく落ち着き、再出発に向けて懸命に頑張っている中、再び報道のカメラの前に身をさらしたくないと言っていること。次男も同じ理由で同席できないこと——などの「不都合」を淡々と説明した。

はま子さんが焼死した場所に花を手向け、合掌する東電幹部ら。

提訴から二年三カ月後の福島地裁判決は、被告・東電の幹部も「非常にていねいな事実認定」と認めざるを得ないものだった。その後は、「カネ目当てではないか」などという、遺族を中傷するような陰口も絶えた。

一審の判決直後、法律専門家の間では「東電は賠償に後ろ向きだから控訴するだろう」との見方も根強かった。が、ほどなくして東電側は判決に従うことを決める。さらに幹夫の求めに応じ、謝罪に訪ねたい、と言ってきた。

九月八日午後四時半、約束の時間きっかりに東電福島原子力補償相談室長の近藤通隆（五十三歳）ら四人が、山里の山木屋にやってきた。

はま子の遺影に頭を下げ、仏壇の位牌の前で焼香し、手を合わせた。

近藤は幹夫に対して言った。

「大切な奥様の尊い命を奪う結果になり、ほんとうに申し訳ありません。深くおわび申し上げます。裁判につきましても二年余り、大変なご負担をおかけしました」

四人は改めて深々と頭を下げた。さらに、はま子がガソリンをかぶって焼身自殺した庭の一角に花束を手向けた。

「この事件の本当の解決は決して金目でないことを理解してほしい」
弁護士の広田次男は、ことあるごとに、そう訴えてきた。幹夫が最も望んでいた、妻の死への「誠意ある謝罪」で、幹夫の「張り詰めた心」も、少しずつほぐれていくようにも見えた。が、一方で、幹夫は
「皆さんが来ても、はま子は帰ってこない。それが何より残念だ」
と付け加えないわけにはいかなかった。

「遺影を拝見し、やさしそうで穏やかなお顔が心に突き刺さった」

東京電力の近藤は、渡辺家を辞す直前、記者団にそう語った。

「せめて裁判が始まる前に、こういう対応をしていただければ、裁判までやんなかったと

渡辺幹夫さんの「これから」に思いを馳せる広田次男弁護士。

思う」

近藤らが去ったあと、夕闇迫る山里の自宅前で、幹夫は私たちにつぶやいた。

幹夫は今も、町中心部の仮設住宅から毎週のように山木屋の自宅に戻り、家の中を掃除し、はま子の遺影と向き合う。長男たちも時々戻ってきては、この家で父と酒を飲む。

山木屋地区は国による除染が進んでおり、町は二〇一七年春の避難指示解除をめざしている。そのとき幹夫はこの故郷の家に本格的に戻るつもりだが、いったん放射能に汚された土地には、孫たちの世代の多くは帰って来ないだろう。雪深いこの山里で、一人では暮らしてはいけない。

「幹夫さんがこれからの人生をどうされ

山木屋の自宅に戻り、物思いにふける。

るのか。親身になって相談にのり、力になっていきたい」

広田はそう話す。二年半の裁判で二人はすっかり「人生の同志」になっていた。

「息子たちも、もうここでは暮らさないでしょう」

星降る夜空に向かって、原発事故など知らぬかのように、秋の虫が騒ぐ。震災前と変わらぬように、沢の水音が響く。

もうすぐ山里を雪が閉ざす季節だ。鬢に白いものが増えた幹夫は、行く末を考え続ける。

# 第４章　抗いの声

「ここがまゆみの部屋だったの」。土台だけ残った自宅跡地にたたずみ、亡くなった長女や夫の思い出を語る黒沢ヨシ子さん。背後の太平洋から津波は襲ってきた＝南相馬市小高区井田川。

この書の第一章から第三章に収めた朝日新聞「プロメテウスの罠」の三つの連載を掲載後、東京電力福島第一原発事故から五年が過ぎ、フクシマで暮らす私は、さらに現地からの報告を書き続けた。

南相馬市では二〇一六年七月十二日に、一部の帰還困難区域（一世帯二人）を除いて、国の避難指示が解除されたが、その後、どうなったか。

ここでは、原発に踏みにじられた辺境の民の「抗いの声」をいくつか採録する。

## 南相馬、覚悟の若女将　避難解除で旅館再開（二〇一六年七月十五日付朝日新聞夕刊）

福島県南相馬市小高区のＪＲ小高駅前に、七十年近く続く老舗「双葉屋旅館」がある。東京電力福島第一原発事故に伴う避難指示は十二日に解除されたが、四代目若女将《おかみ》の小林友子《ともこ》さん（六十三歳）に歓喜はない。

あるのは、長期低線量被曝下で暮らすリスクに向き合う覚悟と、ここで生きていくという決意だ。

福島第一原発から北へ一六キロ。

真っ白なシーツが旅館の屋上で風にたなびいていた。避難指示解除の前日の十一日、小林

旅館の食堂でボランティアスタッフと談笑する小林友子さん＝福留庸友撮影。

さんは、全一五室の客室用シーツの洗濯に追われていた。

震災前、シーツは業者に頼まず、従業員で洗濯して糊《のり》とせっけんの香りをきかせるのが双葉屋流の「おもてなし」だったが、仲居さんが一人しか戻らず、現在は「糊はなし」だ。

小高で生まれ育った。祖母と山で春は山菜、秋にはキノコを採った。小高川で捕れた天然のウナギを宿泊客にふるまい、喜ばれた。

仙台の大学を出て、建設会社員の岳紀《たけのり》さん（六十七歳）と結婚。十年前に母親の大けがを機に帰郷し、旅館業を継いだ。岳紀さんも定年退職し、共同経営者になってくれた。ほどなくして東日本大震災が起きた。

海岸から三キロ離れた玄関先まで津波の泥水が押し寄せた。原発事故が追い打ちをかけ、暮らしのすべてが奪われた。

夫妻は長男一家の住む愛知県内に避難し、翌年、市内原町区の仮設住宅に移った。一五キロ離れた旅館兼自宅に通いながら、後片付けをし、亀裂の入った壁などを修理した。ネズミやイノシシ、ハクビシンの侵入とも闘った。ゴーストタウン化した「灰色の街」の寂しさに耐えかね、駅前にパンジーなどを植え始めた。

家々の庭や郊外の仮置き場には、除染廃棄物の黒い袋が山積みだ。旅館を再開できるのか。眠れぬ夜が続いた。

「動いてみよう。できることからやろう」。決意を支えたのは同じ原発事故被災地を故郷に持つ人々の生きる姿だった。

## リスク説明しない国に怒り

二〇一三年九月、小林さんはチェルノブイリ事故の被災地を初めて訪れた。

「福島原発事故を上回るという被害を受けた人々が今、どんな暮らしをしているのか」。避難先の名古屋で支援を受けたＮＰＯの誘いに、自分たちの未来を見るつもりで参加した。

訪れたウクライナ・ジトーミル州の人々は震災直後の二〇一一年夏、不足していた放射線測定器一五〇台を南相馬に寄贈してくれた。現地を訪れた小林さんたちの疑問や不安にも

駅前に花を植える小林友子さん＝福島県南相馬小高区のＪＲ小高駅前。

「誠実に答えてくれた」という。

現地で見た放射線対策や健康管理など、自分たちの境遇との違いにがくぜんとした。

小高区より放射線量が低い地区でも、土壌汚染度を基準に立ち入り禁止や警告表示があった。がんだけでなく、様々な疾患を訴える被災者がたくさんいたが、保養や避難の権利が法的に確立されていた。

「日本の政府や行政は、年間二〇ミリシーベルト以下なら健康に問題はないなどと帰還を誘導し、低線量被曝《ひばく》のリスクの説明を全くしない」避難指示解除をめぐる住民説明会のたびに、腹が立って仕方がなかった。

地元の市民団体と協力し、食品、飲料水、土壌の放射能測定を続けた。掃除機のゴミも測った。

一時期一キログラムあたり一万ベクレルを超えたこともある。周辺の空間放射線量も徹底的に測定した。

今、旅館周辺の放射線量は毎時〇・一マイクロシーベルト台。自分の手と目で確認しながら、夫婦で帰還と営業再開の決心を固めてきた。

だが、「切ないよね」。

仕事を終えた深夜、食堂でため息をつく。

今回、放射線量が避難指示解除準備区域よりも高い居住制限区域も一緒に解除され、子どもにも帰還が認められたことに憤る。

小林さん自身、八歳と二歳の孫に「遊びにおいで」とは、まだ言えない。「営業再開が賠償を打ち切りたい国のお先棒を担ぐことにならないか」との迷いもある。どれほど客が来てくれるのか、不安もある。

「何十年かかるかわからないけど、子どもたちの声が響く街が戻って来るように、今できることをやる」

七月十二日、避難指示が解除され、双葉屋は本格的に営業を再開した。

小林さんは地元商工会女性部の仲間とともに、一五〇人分の夏野菜カレーを準備し、ふるまった。

「帰れない人が大勢いるのに、お祝いじゃない。でも一つの節目だからね」

**南相馬　五年四カ月後の避難指示解除**
**川房地区の住民　居住制限区域も解除に憤り（二〇一六年七月十四日付福島版）**

何を食って、何を生業にしていけば…

国はここで生活する分には健康に影響はない、戻れるという——。だが、「我々は一日中、家の中で暮らしているのではない。いま戻っても農業再開は難しく、何を食って、何を生業にしていけと言うのか」。

避難指示が解除された南相馬市小高区。その西部の山間部に位置する川房《かわぶさ》地区は、放射線量が高い居住制限区域だった。

川房行政区長で農業佐藤定男さん（六十歳）は、線量の低い避難指示解除準備区域との同時解除に踏み切った国の姿勢に強く憤る。

七世帯一三人——。

解除直前の六月にまとまった住民アンケートで、川房行政区七一世帯約三〇〇人のうち、「速やかな帰還」の意思を明確にした人はごくわずかだった。しかも、五十代が一人、あとは全員が六十代以上だ。

住民が帰らない理由として一番に挙げているのが放射能への不安だ。

昨秋の京大チームの測定では、除染が終わったはずの家屋でも、母屋裏で毎時四マイクロシーベルト超。林に入ると七マイクロシーベルトを超える所があった。

換算すると国の解除基準の年二〇ミリシーベルトを超えるが、環境省は「計測して今なお高い場所はフォローアップ（追加除染）をする」というだけだ。

そもそも国は当初、居住制限区域は避難指示解除準備区域に変更してから、段階的に解除する方針だったが、その方針を転換した。

佐藤さんたちは同時解除するならせめて、復興の足かせとなる様々な規制を外す農業特区

５年間の不耕作で雑草に覆われた農地の前に立つ佐藤定男さん。晴れた日には背後の西の空の下に群青の海が広がる＝福島県南相馬市小高区川房。

や企業特区に指定するよう、国などに求めている。

「でないと企業も来ないし、起業もありえない」と見るからだ。

六月末、佐藤さんら行政区の代表と政府の原子力災害現地対策本部の幹部らが、市役所内で非公開で交渉した。

だが、「国は新たな提案も約束も何もしてくれなかった」と佐藤さん。

政府の役人に佐藤さんは「川房は子どもを産み育てられる環境ではないのでは？」と迫ったが、「若い人の不安はごもっともだが、科学的分析で大丈夫だから解除している」などと答えるだけ。住民側は不安を募らせるばかりだった。

佐藤さんは今、市中心部の仮設住宅から団体事務所に通い、農業再生のプロジェクトに取り組む。だが、自生している山菜、キノコが食べられないのはもちろん、農地除染も済まない中で、自家用の家庭菜園の耕作だって難しい。

「国は地域再生を支援するというが、働き口のある企業を誘致するわけでもなく、解除するだけで、ハイお帰り下さいという。無責任すぎる」と反発する。

そんな佐藤さんだが、夢がある。

晴れた日には、自宅から東の空の下、群青の相馬の海が見える。

「おらほのアイデアなんだが、ここに温泉を掘れば、素晴らしい眺望のリゾートになる」

そのためには資金も技術支援も必要だ。避難指示区域の住民は毎月一人一〇万円の慰謝料や不動産賠償も年割りで受けている。

旧避難指示区域外で賠償を受けられない住民からは「またカネの話か」などと言われ、傷つく。

「賠償というのは避難生活で失ったものへの対価。農地は汚染され、長期避難で草ぼうぼう、トラクターも農機具もさび付き、後継ぎの息子たちは移住してしまった」

そして続ける。

「ここに戻れというのなら、生活再開の保障を求めるのは当然です」

しかし、仲間のはずの南相馬市民からさえ、「カネの亡者」のような中傷を受けるやるせなさに、川房の人々は、再び沈黙させられている。

## 夫と娘を失った七十五歳・黒沢さん（二〇一六年福島版七月十五日付）

### 戦争がようやく終わったみていだな

「戦争がようやく終わったみていだな。最初は着るもんも、食うもんもながったんだから」。黒沢ヨシ子さん（七十五歳）は、ふるさとの南相馬市小高区の避難指示が解除された日、五年間の避難生活をふり返った。

夫と娘を津波に奪われたまま、仮設住宅での独り暮らしの日々は、つらかった戦中・戦後の記憶をよみがえらせた。まもなく仮設を出る。しかし、小高には戻らない。五年は長すぎた。

山間部の大富《おおとみ》地区に生まれた。父はガラスの原料となる銀砂の採掘作業の現場監督だった。家は貧しく、母も鉱山で働いた。一〇人きょうだいの下から三番目。乳のでない母の代わりの姉から米のとぎ汁を与えられて育ったという。

戦争中、姉に背負われ、防空壕《ごう》に何度も避難した。

「戦後も食い物なくってひもじかった。学校の帰りは薪拾いしながら、農家の庭先の柿でも、桑の実でも何でも口に入れた。勉強なんてしなかったから、今でもあんまり漢字は読めねえんだ」

と恥ずかしそうに言う。

靴が買えず、母親が夜なべして編んだわらじをはき、弟をおんぶして登校した。

「おしんとは、おらのことだべ」

十歳で父親を亡くし、家はさらに貧しくなった。

中学卒業の日、制服のセーラー服姿のまま、小高駅前の薬局に奉公に出された。住み込みで働いたが、「盆と正月に一〇〇〇円もらえただけ。でも飯は食わせてもらえたし、下駄《げた》も買ってもらえた」

初めての一〇〇〇円で生理用品と洋服を買ったことはよく覚えている。

二十二歳で海沿いの井田川地区の黒沢家に嫁入りした。二歳上の夫、剛さんはとび職。一年の大半は出稼ぎで、田畑の耕作と豚の世話はヨシ子さんに任された。

二男一女に恵まれた。長女のまゆみさんが生まれたのは一九六七年。東京電力福島第一原発の建設が本格化した時期だ。剛さんはその現場で雇われ、小高から毎朝、通勤するようになった。

「おらたち、原発で幸せになれたのも確かなんだ。父ちゃんは出稼ぎなくなるし、まゆみにおもちゃ買って帰るし、家族一緒に過ごせるようになったんだ。だから一言ではいえね。複雑な気持ちさ」

東日本大震災が起きたあの日。ヨシ子さんは小高駅近くで買い物中だった。剛さんは仕事で富岡町に。まゆみさんだけが一人で家にいた。揺れが収まり、軽トラックで自宅近くまで

土台だけ残った自宅跡地で花を手向ける黒沢ヨシ子さん。夫と娘のために二つの小さなお地蔵さんを据えた＝南相馬市小高区井田川。

来たら、津波で家の影もなく、一面泥の海。「まゆみは流されたんだべな」。直感だった。

原発爆発で原町区の小学校に避難した。勤め先にいて助かった長男や次男と一緒に、行方不明の剛さんとまゆみさんを探し続けた。

一カ月間、何の手がかりもなかった。日に日に膨らむ不安を紛らわせるかのように、ヨシ子さんは差し入れの米を使って大型炊飯器で飯を炊き、おにぎりにして配った。避難所での配給はパンが多かったので皆に喜ばれた。毎日、約百人分のコメを研いだ。夫と娘の無事を祈りながら黙々とコメを研いでいると、不思議と気持ちが落ち着いた。

四月十一日、剛さんの遺体が見つかっ

た。七月には、傷みが激しい身元不明遺体が、ＤＮＡ鑑定でまゆみさんのものだとわかった。

六月、ひとりで鹿島区内の仮設住宅に入った。誰とも話をせず、引きこもる日々が続いた。夜になると一人で泣いた。「戦争のときといっしょだね」。同じ仮設で暮らす同郷の女性たちが、部屋の外から何度も声をかけ、集会所や農作業にヨシ子さんを引っ張り出した。

東京在住の作家、渡辺一枝さん（七十一歳）が集会所に来て、端切れや綿で縫いぐるみ作りを教えるようになった。ヨシ子さんは「ぶさいくだけど可愛い女の子、ブサ子ちゃん」を作るのが生きがいになった。

最近は仮設からも次々と人が出ていくようになり、今の入居率は半分程度。二〇一六年二月、仮設の近くに土地を買い求め、新居を建て始めた。長男夫婦も、孫二人を連れて同居してくれるという。秋にも引っ越す。

「井田川の家は土台しかないけど、故郷はやっぱり小高。帰れるものなら帰りたい」

毎月十一日の月命日には、自宅跡地に行き、剛さんとまゆみさんのために花を手向け続ける。

## 十三年前のインタビュー

## 「真実を隠す国家が被害を広げている」

### （チェルノブイリの記録作家アレクシエービッチさんが報告）

三十年前の史上最悪の原発事故の被害者の証言を集めた『チェルノブイリの祈り』（岩波書店）の著者で、ベラルーシのノーベル賞作家スベトラーナ・アレクシエービッチさん（当時五十五歳）が二〇〇三年十月に来日した折に、私は単独インタビューをしていた。

アレクシエービッチさんは十三年前の時点で「今も汚染地域に二〇〇万人以上の人々が住み、うち五〇万人が子どもたち」と指摘、「（汚染の）真実を隠す国家の姿勢が被害を広げている」と強調していた。

われわれはチェルノブイリから何を学んだのか？ いま、国家と原発の「政治」におけ

2003年10月、長野県松本市を訪問したときのアレクシエービッチさん。「NPO法人　チェルノブイリ救援・中部」提供。

るチェルノブイリとフクシマの酷似に、深い悔恨と自責の念を禁じ得ない。

チェルノブイリ事故はアレクシエービッチさんの人生と取材の手法を根本的に変えた。「以前は他人の苦悩をじっと眺めていた。今度は私が住む場所で私が目撃者になり、私の暮らしが事故の一部になった」

客観的事実よりも、放射線を浴びた一人ひとりが何を感じ、どう思ったかという「主観的事実」を重ね、「より大きな真実を浮かび上がらせようとした」と話す。

その作品に触発されて被害者救援に立ち上がった市民団体が、日本に招いたのだった。

当時、汚染地域の村々に通い続けていたアレクシエービッチさんは、都会に移住したヒバクシャに対する差別と偏見、ひそかに村に戻り電気もない生活を続ける老人らの存在を紹介した。

「安全だと強調して、防護服もつけさせずに消防士を現場に入れた国家体制は変わっておらず、残留放射能で今も人々が日々、病気を発症し、死んでいってる」と静かに、しかし、怒りを込めて語っていた。

テロや戦争、科学技術による巨大事故を「人類に突き付けられた新しい恐怖」とし、「最も大事なのは人間の命。便利さや安楽、イデオロギーではない。人の死を国家に政治的に利用させてはならない」と訴えていたのだった。

日本国内のマスメディアは今、彼女の十三年前の警鐘は忘れたかのように、ノーベル賞受賞という権威に乗っかって礼賛するばかりだ。

フクシマはどうなのだ。

「皮肉にもチェルノブイリが偉大な作家をつくった」

フランスの哲学者ポール・ビリリオの言葉通り、十八年前の史上最悪の原発事故は、一記録作家を、そのライフスタイルとともに根源的に変えたのだった。

自らも、ともに暮らす当事者として集めた八八人の証言が、『チェルノブイリの祈り　未来の物語』に結晶した。

二〇〇三年時点でも一七カ国で翻訳され、高い評価を得たこの本も、本国ベラルーシでは出版できず、「テープ録音の文字化にすぎない」との酷評を浴びた。

旧ソ連時代には、共産党員にならないことを攻撃され、当時は国際作家会議の支援でパリに暮らしていた。

「戦争は女の顔をしていない」など過去の「問題作」では、女性と子どもの目から戦争を描いた。「男たちが正当化し、美化してきた戦争の内実は、人殺しそのものだった」と。

父はベラルーシ人の旧ソ連兵。母はウクライナ人の図書館司書。西ウクライナの農村で、母方の祖母の手で育てられた。

「ふつうの人々の生活の中にこそ真実がある」「人に心を開いてもらうためにはまず自分を誠実に出すしかない」――伝承を語る祖母の教えが、今の彼女の職業倫理になっている。

**「人の命や死が、政治的に利用されてはならない」**

# エピローグ

## 原発的なるものに抗う
## 差別と分断を超えて

人は、自分で生まれる地を選べない。

ひとつの土地の上に生まれ落ち、様々な制約の中で成長し、人間となっていく。

その最初の地を、通常、故郷と呼ぶ。

その自然・社会環境は、その人が憎むにせよ、愛するにせよ、その人としての思想形成に大きな影響を与えていくはずだ。

東京電力福島第一原発事故から五年半経った二〇一六年晩秋、私は原発から北七キロの福島県浪江町・請戸《うけど》海岸の荒涼とした原野に立ち尽くし、太平洋から押し寄せてくる灰色の荒波を見ながら、そんなことを考えていた。

私の足の下には、縁ある者たちに未だに見つけてもらえない、ゆえに人間的な弔いも安らぎもない、「津波犠牲者」と呼ばれる死者たちが、今や骨の断片と化して眠っているはずだ。

実はその多くが、原発事故により、捜索から取り残された犠牲者でもある。

原発的なるものが、いかに故郷を奪い、人間を奪っていったかは、この本に収めたフクシマの現場からの報告に、少しは書き留めたつもりだ。

しかし、五年を経て、何も解決していない。

渡辺幹夫は、最愛の妻を、内面の最も深いところで、救うことができなかったのではないか、という悔恨に、今も苦しんでいる。

大沼勇治の次世代への「負の歴史」の継承の願いは、今も踏みにじられたままだ……。もちろん彼は、今も、彼や彼の家族や、育ちつつある子どもたち、生まれ来る世代を裏切った「大人」たちを、決して許してはいない。

「希望の牧場」では、きょうも、三〇〇頭を超える牛たちが、自らの被曝も知らないまま草を食み、吉沢正巳らはエサ集めに奔走している。

牧場のその後を少々報告する。

いま三〇〇頭あまりの牛の命をつないでいる汚染牧草を、国も福島県も浪江町も、「廃棄物だ」と主張することでは一致している。

二〇一六年十一月二十日、宮城県白石市役所。浪江町の馬場有《たもつ》町長が、原発事故で汚染

された白石市内の牧草を、市自身が町内の希望の牧場に運び込んだことに、激しく抗議していた。
「私どもの町には事前に何の相談もなく、著しく配慮を欠いた行為だ」と非難する馬場町長に、白石市の佐々木徹副市長は「動物愛護と人道的観点から決断した。何の問題もない」と一歩も引かなかった（もちろん、希望の牧場の吉沢代表らが牛を飼い続ける理由が、行政が思い描くような安直な動物愛護や人道主義に基づくものでないことは、本書で報告している通りだが……）。

国が決めた被曝《ひばく》牛の殺処分に反対し、福島県内の畜産農家から預かった牛を飼い続ける「希望の牧場」が、「えさ不足で牛が死ぬ」のを防ぐため、原発事故で汚染された牧草を受け入れている――それを知った白石市は、市内各地の農家の敷地に四年近く保管されてきた一個二〇〇～五〇〇キロある牧草ロール約一一〇〇個を、二〇一五年十月末から半月ほどで牧場に搬入した。

汚染牧草の多くは福島、宮城、栃木県の農家の庭先や田畑に野積みされ、農業復興の障害になっている。放射性物質の濃度はえさとしての国の許容値は超えるが、法律上、一般ごみと同様に市町村が処理でき、移動も違法ではない。

国や県は現場保管や焼却を勧めてきたが、放射性物質の濃縮や飛散を心配する地域住民の反対で焼却は進まない。白石市にとって牧場への搬入は、地元農家を救うためでもあった。

だが全町民避難を強いられている浪江町は、汚染牧草搬入を「放射性廃棄物の越境押しつけ」ととらえ、希望の牧場への搬入は町の復興の妨げになると主張した。馬場町長は「町が廃棄物を受け入れたと思われては町民が帰還意欲を失う」とも語った。

福島県庁は「他の放射性廃棄物の県内搬入を誘発する恐れがある」（畜産課）と反発する。農林水産省と宮城県も同年十一月、白石市に担当者を派遣し、「畜産物の風評被害の原因や復興の足かせになりかねない」と自粛を求めた。

希望の牧場側は「原発事故の生きた証拠である被曝牛を学術研究に提供するため、えさを自力で集めてきた。白石市の英断を歓迎する」とのコメントを発表した。その時点でも、県内外の農家の協力で、一万六〇〇〇個以上のロールを搬入していた。自粛要請で白石市に続く自治体は表面上、出てないが、汚染牧草を抱える農家を紹介するなど水面下で協力する自治体はいくつもあった。個別の農家はもっと協力した。

そのおかげで、希望の牧場の牛たちは、いまも生きながらえている。

福島県南相馬市で食品や土壌の放射能濃度を測定してきた市民団体が、白石市から搬入された牧草を測定すると、濃度はおおむね一キロあたり一三〇ベクレル、高くても五〇〇ベクレル台だった。一方で十二月に測定した浪江町役場近くの交差点の土壌は一五万九〇〇〇ベクレル、ＪＲ浪江駅前の土壌は三五万ベクレルを超えた。

吉沢代表は「牧草搬入で浪江の空間放射線量が上がったわけではない」と指摘する。馬場町長も牧場に対して「動物愛護のために飼料を提供する考えは理解する」との立場だが、他の自治体からの汚染牧草搬入だけは止めたい考えだ。町や県は、国に汚染牧草の移動を規制する法整備を求めたが、その後、具体的な動きはない。

国は東電同様、原発事故の加害者だが、被災地では被害者同士、自治体同士が分断され、対立させられる構図が、ますます複雑化し、深く潜行している。

これもまた、「原発犯罪」の根深さなのだ。

一方、ほんとうの原発のゴミのうち、使用済み核燃料などの高レベル放射性廃棄物は、青森県六ヶ所村の再処理工場でプルトニウムなどを回収したあと、残りはガラス固化体として十万年間、地下三〇〇メートル以下に地層処分することになっている。

さらに、原発の廃炉・解体作業で出る原発のゴミのうち、放射能レベルの高い制御棒などの廃棄物は、地震や火山の影響を受けにくく、資源のない地下七〇メートルより深い地層に埋め、最初の三~四百年間は電力会社、その後は十万年間、政府が管理するという。

除染廃棄物は福島県内で三十年間、「中間」貯蔵したあと県外の最終処分場に移す――などという政府の「約束」でさえ、多くの福島県民は信じていないのに、四百年、ましてや十万年の「保管の約束」など、だれが信用し、だれが担保できるのだろうか。十万年後に政府はあるのか、いや人類は生存できているのか……。

四百年前の江戸時代、十万年前のネアンデルタール人の時代には、そうした「妄想」を放言する者などいなかった。そんな「約束」が「可能だ」と平気で公言する政府官僚も学者も「専門家」も、むろん私は信用しないが、不誠実とか非倫理・脱論理だとか言う以前に、立証不可能なことを断言する——これこそ、まさに虚妄、いや明確に「虚言」というべき言説ではないのか?


東京電力福島復興本社(双葉郡富岡町)の石崎芳行代表は、二〇一六年九月の新聞紙上に「福島に寄り添う覚悟」と題して掲載された共同通信のインタビューで、「あれほどの事故を起こしてもなお、原発は必要だと思うか」と尋ねられ、「絶対必要です」と即答したという。どんな場所でも、どんな相手でも、尋ねられればそう答えるともいう。

同年九月二十八日の定例記者会見の席上で、私は、このことについて石崎に確認の取材をした。

石崎は「はい、私の考えはどこに行っても変わりません」と潔かった。

ただ、「私がそこで申し上げたのは、資源の少ない日本にとって原子力発電という選択肢を捨て去るということは、好ましくないという思いです……」と釈明した。

しかし、このインタビュー記事は、その前段の下りも、誠に興味深いものだった。

事故の前年まで福島第二原発の所長として「原発は安全」と言い続けてきた石崎は、「福島の皆さんは組織としての東電というものを絶対に許さないと思うんです。でも、そこで働くわれわれが一生懸命やっていくことで『組織は許さないけど、あんたは少し信じてやろうか』となればいいと思っています」とも語っている。

この日の会見でも、石崎代表は多くの時間を割いて、東電社員による地域の清掃や草刈り奉仕などの復興ボランティア活動を紹介し、いかに多くの社員がこれら活動に参加して、住民からも感謝されるようになってきたか、を説明していた。

だからこそ、私は先のインタビュー記事での発言の真意を尋ねてみた。

「石崎代表がここでおっしゃりたかったことは、個人が信頼されて許されれば、『今後、こういう事故は二度と起こしません』という組織としての東電の主張も、やがては理解され、許されるということでしょうか？」と……。

石崎は今度は少し考え、「長いインタビューの内容を切り取られた。文章で読むとそこがつながっているように思われるかもしれないけれど、そこは直接、その話とはつながっていないと記憶している。私も今、福島に常駐させていただいて、いろんな方とお会いし、お話させていただいているが、社員が復興推進活動に汗を流し、住民との関係もできてきている。それが積み重ならないと、東京電力という組織の信頼回復もできない、という趣旨だ」と説明した。

私はさらに問うた。
「原発を推進するという東電の目的が理解されるために、そのようなボランティア活動をしていると理解していいか」とたたみかけたのだ。
石崎は今度は「そういう趣旨の発言ではない。原発を再稼働するために、福島での活動があると見られたら私としては本意では全くない。いま私が社員にこういうことをやらせているのは、皆さんにご迷惑をかけ会社の責任を一人一人が背負って汗を流さないと、東電そのものが存続できないよということを社員に語りかけている」と、私の言う趣旨は否定した。

しかし、東電は事故後も、たとえばメルトダウン（炉心溶融）の情報を隠し続け、政府の事故調査委員会での幹部証言の調書の情報公開は拒んだままだ。事故の原因も未解明なまま、情報も隠蔽したまま、信頼の回復などはあり得ない。

二〇一六年晩秋　満天の星をあおぎつつ、南相馬にて　本田雅和

# 追記

二〇一一年三月十一日から始まった東京電力福島第一原発事故で、すぐさま脳裏に浮かび上がったのは、私の生き方の「師」でもあった高木仁三郎さんの「歯ぎしり」だった。

一九八〇年代後半から社会部記者として、毎夏のごとく広島、長崎に通い、原水爆禁止運動を取材するなかで、私に反核運動の本質＝「原子力の平和利用のウソを見抜くこと」を、学問や真実に対する誠実さとは何かを、身をもって教えてくれた人だった。

様々な圧力や中傷、卑劣な嫌がらせに屈せず、日本では極めて困難だった「市民のための科学」を確立し、市民科学者としての実践を、後進に示した人だった。

ほんとうに、ギシギシと聞こえてくるほどの「歯ぎしり」が、私には印象的で、忘れられない。

彼の無念の死から十年半を経て、日本でも、過去から学ばない人々によって「過酷事故」は起こされてしまい、十五年後の秋に、私はこの本をまとめることになった。

何よりもまず、自らの非力をわび、それでも、原発的なるものに抗う民が確かに存在することの、私なりの記録を、わが師、高木仁三郎に捧げたいのだ。

二〇〇〇年十一月六日付の朝日新聞夕刊に掲載された核化学者・高木仁三郎さんの訃報記事を以下に再録する。

### 惜別

たかぎ・じんざぶろう　十月八日死去（直腸がん）六十二歳　十二月十日偲ぶ会

「ふつうにしたい」。痛みは夜になって激しくなり、モルヒネの量を増やしても収まらず、最期は酸素吸入のチューブも拒否して逝った。東京都立大学の教員時代からの同志だった、中田久仁子さん一人が見守った。

直腸がんが見つかったのが一九九八年七月。転移するがんと闘う病床から「市民科学者として生きる」「原子力神話からの解放」などの本や論文を出版。多くは平易な言葉で核時代の人間の生き方を問うものだった。

化学療法の合間に後継者育成のための「高木学校」に顔を出し、反原発裁判の証人にも立った。「残された時間」を計りながら、やるべき仕事を大急ぎでこなしたような二年余だった。

「脱プルトニウム宣言」を発表、ハンストに入る =93 年 1 月、科学技術庁前で = 今井明氏撮影。

東大卒業後、当時最先端だった原子力産業の研究者に。「迷い」を抱えつつも「論文中毒」だった核化学者が、「市民のための科学」へと、かじを切っていった背景には、大学闘争の渦中での中田さんとの出会いがあった。成田空港反対を支援して三里塚に二人で通った。

田んぼを借りて米を作った。「土地は個人の所有物ではなく耕し引き継いでいくもの」。権力に虫けらのように扱われた農民の自然観は、御用学者のうそと対極にあった。全国の原発立地地域を歩き、時に旅館の宿泊を断られた。原発推進派から受ける脅迫やいやがらせに対する思いも、反対派住民と共有した。

いま脱原発は世界の流れになった。が、「原子力産業そのものが斜陽化し、リストラが進み、教育もろくに行われない中で重大事故の可能性は高まっている」と、死の直前まで警鐘を鳴らし続けた。東海村の臨界事故に、その典型を見たからだ。

「私たちの世代が放射性廃棄物を大量につくった。その世代責任は反対派だからといって放置できない。最大限手段を尽くして安全を追求していく」。最後の講演でそう訴えたのも「よりよく生きる」ためだった。

[著者略歴]

本田　雅和（ほんだ　まさかず）

京都出身。

横浜国立大学経済学部在学中から猪狩章氏主宰のジャーナリズム研究会に所属し、在日朝鮮人問題、部落差別問題、冤罪事件、韓国政治犯などの取材を続ける。

1979 年、朝日新聞社に入社し、盛岡、前橋支局を経て東京本社社会部記者、週刊朝日記者としてアフガニスタンのソ連軍撤退、フィリピン新人民軍、ルーマニア革命、湾岸戦争、イラク戦争、パレスチナ難民問題などを取材。パプアニューギニア、グアテマラ、アマゾンなどで熱帯林破壊と先住民問題、エジプトやザンビアで人口・開発問題の調査に参加。

1992 ～ 93 年、フルブライト留学生として米ジョージタウン大学公共政策大学院客員研究員、1998 年、米日財団フェローとして米国各地で環境問題や少数民族問題の調査活動。

2007 年　北海道・夕張支局長<br>
2012 年　福島総局記者<br>
2013 年　南相馬支局長

著書に「巨大都市　ゴミと闘う」（朝日新聞社）、「環境レイシズム」（解放出版社）

共著に「イラク『人質』事件と自己責任論」（大月書店）、「となりのコリアン」（日本評論社）、「日朝交渉　課題と展望」「ジャーナリズムの可能性」（以上、岩波書店）

**原発《げんぱつ》に抗《あらが》う——『プロメテウスの罠《わな》』で問《と》うたこと**

2016年12月31日　初版第1刷発行　　定価2000円＋税

著　者　本田雅和
発行者　高須次郎
発行所　緑風出版
〒113-0033　東京都文京区本郷2-17-5　ツイン壱岐坂
［電話］03-3812-9420　［FAX］03-3812-7262［郵便振替］00100-9-30776
［E-mail］info@ryokufu.com［URL］http://www.ryokufu.com/

装　幀　斎藤あかね　　カバー写真　森住卓
制　作　R 企 画　　印　刷　中央精版印刷・巣鴨美術印刷
製　本　中央精版印刷　　用　紙　中央精版印刷・大宝紙業　　E1500


ISBN978-4-8461-1621-7　C0036

## ◎緑風出版の本

■全国どの書店でもご購入いただけます。
■店頭にない場合は、なるべく書店を通じてご注文ください。
■表示価格には消費税が加算されます。

### チェルノブイリの嘘

アラ・ヤロシンスカヤ著／村上茂樹 訳

四六判上製
五五二頁
3700円

チェルノブイリ事故は、当初から住民たちに情報が伝えられず、また事故処理に当たった作業員の抹殺など、事故に疑問を抱いた著者が、ソヴィエト体制の妨害にあいながらも、独自に取材を続け、真実に迫ったインサイド・レポート。

### チェルノブイリと福島

河田昌東 著

四六判上製
一六四頁
1600円

チェルノブイリ事故と福島原発災害を比較し、土壌汚染や農作物、飼料、魚介類等の放射能汚染と外部・内部被曝の影響を考える。また放射能汚染下で生きる為の、汚染除去や被曝低減対策など暮らしの中の被曝対策を提言。

### 放射線規制値のウソ
真実へのアプローチと身を守る法

長山淳哉著

四六判上製
一八〇頁
1700円

福島原発による長期的影響は、致死ガン、その他の疾病、胎内被曝、遺伝子の突然変異など、多岐に及ぶ。本書は、化学的検証の基、国際機関や政府の規制値を十分の一すべきであると説く。環境医学の第一人者による渾身の書。

### 原発閉鎖が子どもを救う
乳歯の放射能汚染とガン

ジョセフ・ジェームズ・マンガーノ著／戸田清、竹野内真理 訳

A5判並製
二七六頁
2600円

平時においても原子炉の近くでストロンチウム90のレベルが上昇する時には、数年後に小児ガン発生率が増大すること、ストロンチウム90のレベルが減少するときには小児ガンも減少することを統計的に明らかにした衝撃の書。

## フクシマの荒廃
### フランス人特派員が見た原発棄民たち

アルノー・ヴォレラン著／神尾賢二訳

四六判上製
２１２頁
２２００円

フクシマ事故後の処理にあたる作業員たちは、言葉も話さない。「リベラシオン」の特派員である著者が、亡霊と化した彼ら名も無き人たち、残された棄民たち、原子力村の面々までを取材してまとめた迫真のルポルタージュ。

---

## 終りのない惨劇
### チェルノブイリの教訓から

ミシェル・フェルネクス、ソランジュ・フェルネクス、ロザリー・バーテル著／竹内雅文訳

Ａ５判並製
二七六頁
２６００円

チェルノブイリ事故で、遺伝障害が蔓延し、死者は、数十万人に及んでいる。本書は、ＩＡＥＡやＷＨＯがどのようにして死者数や健康被害を隠蔽しているのかを明らかにし、被害の実像に迫る。今同じことがフクシマで……。

---

## チェルノブイリ人民法廷

ソランジュ・フェルネクス編／竹内雅文訳

四六判上製
四〇八頁
２８００円

国際原子力機関（ＩＡＥＡ）が、甚大な被害を隠蔽しているなかで、法廷では、事故後、死亡者は数十万人に及び、様々な健康被害、畸形や障害の多発も明るみに出た。本書は、この貴重なチェルノブイリ人民法廷の全記録である。

---

## チェルノブイリの惨事［新装版］

ベラ＆ロジェ・ベルベオーク著／桜井醇児訳

四六判上製
二二四頁
２４００円

チェルノブイリ原発事故では百万人の住民避難が行われず、子供を中心に白血病、甲状腺がんの症例・死亡者が増大した。本書はフランスの反核・反原発の二人の物理学者が、一九九三年までの事態の進行を克明に分析し、告発！

---

## チェルノブイリの犯罪
### 核の収容所【上・下】

ヴラディーミル・チェルトコフ著／中尾和美、新居朋子監訳

四六判上製
各 一二〇〇頁
３７００円

本書は、チェルノブイリ惨事の膨大な影響を克明に明らかにするだけでなく、国際原子力ロビーの専門家や各国政府のまやかしを追及し、事故の影響を明らかにする人や被害者を助けようとする人々をいかに迫害しているかを告発。